Super reisen!

Florida

Von Michael Schwelien

MERIAN

Unsere Qualitätszeichen sind

für besonders hervorzuhebende Objekte

für Plätze, wo sich vor allem junge Leute aufhalten
oder die man ihnen empfehlen kann

Abkürzungen

Aug.	August	P.O.Box	Post Office Box
Av.	Avenue	$	US-Dollar
Di	Dienstag	Sa	Samstag
Do	Donnerstag	Sept.	September
FL	Florida	So	Sonntag
Fr	Freitag	St.	Street
geschl.	geschlossen	Tel.	Telefon
Mi	Mittwoch	tgl.	täglich
Mo	Montag	US 1	Bundesstraße 1

Preiskategorien

Restaurants
Die Preise beziehen sich auf ein Menü mit drei Gängen ohne Getränke, Steuern und Trinkgeld.
Luxuskategorie: ab $ 35
1. Kategorie: $ 25 – $ 35
2. Kategorie: $ 15 – $ 25
3. Kategorie: bis $ 15

Hotels
Die Preise beziehen sich auf eine Übernachtung ohne Frühstück im Doppelzimmer für zwei Personen.
Luxuskategorie: ab $ 150
1. Kategorie: $ 100 – $ 150
2. Kategorie: $ 50 – $ 100
3. Kategorie: bis $ 50

Inhalt

Zu Gast in Florida   5

Top Ten von Merian   9
1. Aquamuseum Planet Ocean und Miami Seaquarium
2. Art-deco-Viertel in Miami   3. Raumfahrtzentrum Cape Canaveral   4. Coconut Grove – Miamis Künstlerviertel
5. Disney World   6. Daytona Beach   7. Einzigartiges Sumpfgebiet: die Everglades   8. Hemingway House   9. Sanibel-Island   10. St. Augustine, die älteste Stadt Amerikas

Magazin 11 · **Essen und Trinken** 16 · **Hotels und andere Unterkünfte** 20 · **Einkaufen** 22 · **Feste und Festspiele** 24 · **Sport und Strände** 25 · **Natur und Umwelt** 27

Routen und Touren   29
Mit dem Auto: 29
Von Apalachicola nach Chrystal River · Von Miami nach Key West · Durch die Sumpflandschaft der Everglades · Von Pensacola zum Apalachicola Forest
Mit dem Boot: 31
Kanufahrten in den Naturparks

Orte und Ziele in der Umgebung   32
Daytona Beach   32
Fort Lauderdale   35
Key West: Fort Jefferson   40
Miami: Bal Harbor   43
Orlando und Zentralflorida   67
Palm Beach   75
Sanibel und Captiva   76
St. Augustine: Fort Matanzas   79
Tallahassee: Apalachicola · Panama City   83

Geschichte auf einen Blick   86

Info   88

Register   92

Zu Gast in Florida

»Würden die Dame auf Platz 15 E und der Herr auf Platz 15 F bitte nach vorne kommen – Sie haben unseren Preis für das am schrillsten gekleidete Paar auf diesem Flug gewonnen und dürfen in der ersten Klasse reisen.« Die Dame im knallroten Hosenanzug und der Herr im geblümten Hemd und in karierten Bermudas griffen nach Handgepäck und Drinks, um nach vorne zu eilen; der Passagier auf Platz 15 D murmelte unüberhörbar laut: »Das nächste Mal komme ich ganz nackt.« Die Umsitzenden quittierten dies mit Gelächter und Bemerkungen darüber, daß ihre Kleidung doch wohl auch nicht sonderlich brav sei.

Es war ein Flug von der Hauptstadt Washington nach Miami im Frühling, also außerhalb der Hauptreisezeit, und der Steward der Airline hatte sich den kleinen Gag einfallen lassen, um Stimmung zu machen. Denn Florida ist für die Amerikaner zuerst und vor allem eins: *fun*. Der *Sunshine State* ist das Ziel, wohin Collegestudenten aus Neuengland in den Wintersemesterferien flüchten, Börsenmakler übers Wochenende jetten und wo Politiker aus Washington die Regierungspausen verbringen. *Fun* läßt sich zwar leicht übersetzen, doch schwer wirklich deuten. Vergnügen, Spaß – das sind zwar die korrekten Worte. Aber *fun in Florida* ist mehr, ist Austoben, Sichgehenlassen, ist Honeymoon und Abenteuer – für eine Nation, die viel weniger Urlaub und Arbeitsplatzsicherheit kennt als die Europäer.

Spätestens im Hotel wird auch der Europäer von dieser unverbindlichen, oberflächlichen Stimmung erfaßt werden. »Hi, where are you guys from?« – »Hallo, wo kommt ihr her?« So wird meistens der Einleitungssatz lauten, der in Entzückungsrufe über »Germany« überleitet und oft zu der Feststellung führt, man habe selber Vorfahren, die aus »Germany« stammen. Schließlich wird Ihr Gegenüber nach ein paar Worten Deutsch kramen und Sie mit dem Vornamen anreden, so als seien Sie alte Bekannte. Nur, bitte, reagieren Sie nicht zu frostig auf die schnelle Vertrautheit und glauben Sie nicht, alles sei ernst gemeint. Ich erinnere mich noch gut an ein Gespräch in einer Bar in Miami Beach, bei dem mich ein nettes Ehepaar aus dem Bundesstaat Maryland zu sich nach Hause einlud. Sie bestanden geradezu darauf, daß ich sie im nächsten Sommer besuche, beschrieben ihr Haus, das Gästezimmer, den nahen Strandort, die herrlichen Fischgründe – doch als ich sie anderentags in der Lobby des Hotels wiedersah, hatten sie schon vergessen, wer ich war. Denn diese amerikanische Eigenart des freundlichen, aber zu nichts

Nächtliche Glitzerwelt – Miami Bayside

verpflichtenden Smalltalks scheint sich während der Tage, die man *fun* hat in Florida, noch weiter auszuprägen als sonst. »Enjoy yourselves« – »Habt Spaß« – wird Ihnen der Portier des Hotels nachrufen; »Isn't it a great day?« – »Ist es nicht ein wunderbarer Tag?« wird Sie abends die Kellnerin jauchzend fragen; »I'll give you a rebate since you came all the way from Germany.« – »Ich gebe Ihnen einen Rabatt, weil Sie vom fernen Deutschland bis hierher gekommen sind.«-, wird Ihnen die Surflehrerin anbieten. Alles wird so klingen, als sei man seit ewigen Zeiten miteinander bekannt, nichts aber wird von der tiefen Ernsthaftigkeit sein, mit der etwa ein griechischer Bauer den Fremden zu einem Glas Ouzo einlädt.

Andererseits werden Sie in Florida nie wirklich Fremder sein. Sprachprobleme? Die hat man genügend in der eigenen Bevölkerung. Abertausende von Flüchtlingen aus Kuba und Nicaragua, längst berufstätig und eingebürgert, sprechen kaum ein Wort Englisch. Umgangsformen? Nun, sie sind ohnehin nicht sonderlich geschliffen und überdies so facettenreich wie die multirassische und multikulturelle Gesellschaft Amerikas. Sitten und Gebräuche? Wo sich im »Chinese Diner« – betrieben von einer vietnamesischen Familie und einer schwarzen Kellnerin aus der Dominikanischen Republik – fluchende Lastwagenfahrer auf dem Weg nach Detroit und orthodoxe Juden aus New York an einen Tresen setzen, da gilt: Laß den anderen so sein, wie er will.

Florida – Naturparadies, Jet-Set-Refugium und Märchenland

Ebenso vielfältig wie der Charakter der Leute ist das Land. An der Ostküste Floridas branden mitunter meterhohe Wellen auf einen breiten, bisweilen harten, hellen Strand. An der Westküste umspült träge das warme Wasser des Golf von Mexiko weiche, heiße Südseestrände und schwemmt dabei – etwa auf Sanibel Island – derartig viele exotische Muscheln an, daß ein neuer Begriff geprägt wurde: *The Sanibel stoop* – der gebückte Gang der Muschelsucher, die besonders am frühen Morgen erfolgreich auf »Jagd« gehen. Die Florida Keys dagegen, jene Perlenkette von Inselchen am Südzipfel des Staates, bieten fast keine Strände; dafür aber sind sie der ideale Ausgangspunkt für Taucher, Segler und Angler.

Praktisch der gesamte Süden der Festland-Halbinsel besteht aus den Everglades, einer einzigartigen, allerdings hochgradig gefährdeten Sumpfgraslandschaft mit Naturschutzgebieten, wie dem riesigen Everglades National Park, und Indianerreservaten, zu erreichen über Straßen mit so klingenden Namen wie »Alligator Alley«. Am nördlichen Rand der Everglades liegt der Lake Okeechobee, Amerikas zweitgrößter Süßwassersee innerhalb der Grenzen eines einzelnen Bundesstaates: 1800 Quadratkilometer. Der Name kommt von einem indianischen Wort und bedeutet schlicht »großes Wasser«.

Zu Gast in Florida

Das Land um den Lake Okeechobee herum ist dünn besiedelt, Cowboys und Indianer halten dort Rinderherden, ziehen Zuckerrohr, jagen und fischen.

Zentralflorida umfaßt die real gewordene Utopie wie den Raumfahrtbahnhof am Cape Canaveral ebenso wie die Illusions- und Amüsierlandschaft von Walt Disney World. Zu Zentralflorida gehören aber auch die unendlich weiten Zitrusfarmen, die ganz Nordamerika mit Orangen und Zitronen, frühen Erdbeeren, Melonen, Mangos und Ananas beliefern. Hier liegt auch der Ocala National Forest, eine subtropische Wildnis mit Sandkiefern und großen Wildbeständen: Hirsch- und Bärenjagd ist erlaubt. Das örtliche »Wilderness Management Office« erteilt Auskünfte über Saison und vorübergehende Genehmigungen.

Florida's Last Frontier, Floridas letztes unerschlossenes Gebiet, nennt mancher den Norden und den sogenannten »Panhandle«, das heißt Pfannenstiel, also den langgezogenen Landstreifen nach Westen. Anscheinend hat ein Grundstücksmakler den Begriff geprägt, wohl auch in der Absicht, den *Frontier* zu entwickeln und in Parzellen zu verkaufen. Nordflorida umschließt urbane Zentren wie Pensacola und die Hauptstadt Tallahassee. Doch der größte Teil des Panhandle ist wirklich noch ländliches Gebiet, amerikanischer Süden mit weißgestrichenen Gartenzäunen, Schaukelstühlen auf den Veranden und Gipssäulen, die vorgaukeln wollen, das Haus, dessen Dach sie tragen, sei ein Palast, während es in Wahrheit doch nur ein besserer Holzschuppen ist. Denn der Panhandle erlebte Aufschwung und Niedergang wie kein anderer Teil Floridas. Boom in der Holzindustrie – und dann die Pleite. Erfolg im Baumwollanbau – und dann der Ruin. Einst elegante Hotels – dann Feuer, Sturm oder Krankheit. Sicher, auch hier gibt es quirlige Strandorte, doch weniger als sonstwo in Florida. Und wer am weißen Puderzuckerstrand liegen möchte, ohne ein Hochhaus am Horizont zu sehen, der kommt in den Panhandle.

Die Hochhäuser stehen anderswo, in Miami zum Beispiel. Und auch hier wieder eine Vielfalt auf recht kleinem Raum, wie sie selten auf der Welt zu finden ist. Postmodern? An der Brickell Avenue drängen sich Apartmenthochhäuser und die Glaspaläste der Finanzwelt zusammen. Gründerzeit? Ebenfalls auf der Brickell Avenue in Miamis City steht ein Steinhaus mit 14 Zimmern, drei Türmen und schmiedeeisernen Toren; es ist dem aus dem 14. Jahrhundert stammenden Kloster von St. Julienne in Duoy, Frankreich, nachempfunden. Art deco? 800 Gebäude, verteilt auf 80 Blocks nördlich der Fifth Street von Miami Beach bilden den *Art Deco District*. Manche sind noch verlotterte Hotels und heruntergekommene Apartmentgebäude. Doch in den achtziger Jahren wurde der größte Teil des Viertels renoviert, und die abgerundeten Ecken, die Glasbausteine und die stromlinienförmigen Rennstreifen kontrastieren wieder wie in den dreißiger Jahren mit dem Pink, dem Limonengrün und dem Pastellblau der Fassaden. Italienische Renaissance? Nichts leichter als das im Land der *replica*, der Nachahmung: An der Biscayne Bucht liegt die Villa Vizcaya, das heutige Dade County Art-Museum, inmitten großer Gartenanlagen mit tropischen Pflanzen, Brunnen, Teichen und Skulpturen. Ein Renaissance-Palast, der 1916 entstand. Es wäre nicht Amerika, trüge das italienisch anmutende Anwesen nicht den baskischen Namen »Vizcaya« (hoch liegender Ort) und wäre es nicht einst Schauplatz kriminellen Geschehens gewesen: Zu Beginn des Jahrhunderts war sie das Refugium des Großindustriellen James Deering, der sich nicht nur eine Jasminhecke und einen Irrgarten anlegen ließ, sondern auch ein großes Boot aus Stein an der Bucht verankerte. Angeblich als Wellenbrecher, um die Küste bei Sturm zu schützen. Doch in Wahrheit auch als Kai, wo während der Prohibition in der Nacht Schiffe mit illegalen Lieferungen von Schnaps anlegten.

Florida, die Südseeinsel; Florida, der mondäne Treffpunkt Amerikas Superreicher; Florida, die Disko der Ostküstenjugend; Florida, das Altersheim; Florida, das High-Tech-Center; Florida, das Naturparadies; Florida, das moderne Märchenland; Florida, die kriminelle Hochburg, deren TV-Abbild »Miami Vice« nicht über-, sondern eher untertrieben ist. Der südlichste der Vereinigten Staaten läßt sich nicht in einer Woche, auch nicht in einem Monat entdecken. Zumal da noch etwas anderes ist – eine Kultur, die schon fast zum Massenwahn gedieh: der Sport. Golf und Autorennen, Schnorcheln und Helikopter-Wasserski, Forellenangeln und Haifischfang, Kanupaddeln und Motorbootraserei – nirgendwo lassen sich so leicht so viele Sportarten betreiben. Wer Surfen lernen will, hier ist die Gelegenheit. Das Wasser ist warm, der Wind beständig, die Schulen residieren wie fliegende Händler in Wohnwagen am Strand. Wer es Hemingway nachtun möchte und Rochen, Delphine und Haie an den Haken bekommen will, der muß nur in den gelben Seiten des Telefonbuchs unter »Fishing Trips« nachschlagen, anrufen – und das Abenteuer kann beginnen, Gerät und kaltes Bier werden gestellt.

Wer aber mehr als nur einen Strand, ein Hotel und einen Straßenzug sehen will, der kommt kaum umhin, sich einen Leihwagen zu mieten. Wenn man die klimatisierten Gebäude des Miami Airport verlassen und einen die Schwüle der subtropischen Halbinsel umschlungen hat, dann weiß man schon fast, wo man ist. Wenn man aber jetzt noch das elektrisch betriebene Verdeck eines Chevy runterläßt, das Radio einschaltet und vielleicht gerade der Oldie »And she had fun, fun, fun 'til her daddy took the T-Bird away« spielt, dann gibt es keinen Irrtum mehr: *Welcome to Florida!*

Top Ten von Merian

Zehn Höhepunkte auf der Halbinsel, die sich kein Besucher entgehen lassen sollte.

1. Aquamuseum Planet Ocean und Miami Seaquarium
Künstliche Stürme, die Entstehungsgeschichte der Ozeane, Haifischfütterungen, Killerwal-Shows und nicht zuletzt die Tricks des gelehrigen Delphins Flipper (oder besser: dessen Verwandte) – das alles bieten die beiden »lebendigen« Meeresmuseen auf dem Rikkenbacker Causeway zwischen Miami und Key Biscayne (S. 47/48).

2. Art-deco-Viertel in Miami Beach
Stuck und abgerundete Ecken, Fenster in Bullaugenform, Baldachine in »Augenbrauenform«, Chrom und Neon: das Art-deco-Viertel im Süden von Miami Beach ist so reichlich damit gesegnet, daß Artdeco und Miami Beach praktisch synonym sind (S. 48).

3. John F. Kennedy Space Center
Der Raumfahrtbahnhof am Cape Canaveral erlebte die Größe und auch die Tragödien der bemannten Raumfahrt. Auch wenn die Raumfähren nur noch selten starten, ist die Rampe zum All einer der wichtigsten Orte neuerer amerikanischer Geschichte (S. 71).

Die Stadt der Zukunft: Epcot-Center in Disney World

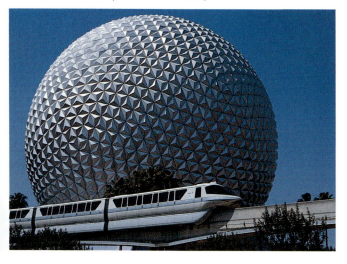

4. Coconut Grove – Miamis Künstlerviertel
Manche nennen dieses Viertel von Miami auch die »Bohemian section« – wegen der vielen Künstler, die sich hier, südlich von Miamis Innenstadt, angesiedelt haben und im Februar für drei Tage gemeinsam ausstellen. Und nicht zu vergessen: nebenan liegt der mondäne und architektonisch wundersame Stadtteil Coral Gables (S. 46).

5. Disney World
Ein Florida-Besuch, ohne die (zweite) Heimat der Maus namens Mickey und ihrer Freunde gesehen zu haben – undenkbar. Es dauert mehrere Tage, bis das Magic Kingdom, das Epcot Center und der neue Disney-MGM-Studio-Park sattsam durchstreift und alle Attraktionen bewundert sind (S. 69).

6. Daytona Beach
Der Strand aller Strände: fast zweihundert Meter breit und fünfzig Kilometer lang, groß genug nicht nur fürs Baden, Sonnen und diverse Strandsportarten, sondern auch fürs Autofahren. Früher stellten die Herren Chevrolet, Ford und Olds dort Geschwindigkeitsrekorde auf (S. 32).

7. Einzigartiges Sumpfgebiet: die Everglades
Die ausgedehnten Sümpfe mit ihrer einzigartigen Flora und Fauna im Süden der Halbinsel muß man einfach mit dem Kanu durchquert haben (S. 29).

8. Hemingway-House
Das paradiesische Anwesen auf Key West war der Ort, an dem der große Schriftsteller die längste Zeit seines Lebens wohnte, arbeitete – und soff. Letzteres jedenfalls in der nahegelegenen Bar »Sloppy Joe's« (S. 40).

9. Sanibel-Island
Die Insel im Golf von Mexiko ist zusammen mit ihrer Nachbarinsel Captiva ein exklusives Mekka für Muschelsammler und ein Garten Eden für wilde Tiere – vor allem im geschüzen Ding Darling National Wildlife Refuge (S. 76).

10. St. Augustine, die älteste Stadt Amerikas
Viele Städte Amerikas geben vor, die älteste des Subkontinents zu sein. Dieser Ort im Nordosten Floridas ist es vermutlich – jedenfalls gilt er als die erste dauerhafte Siedlung von Europäern auf dem Festland der heutigen USA. Der historische Stadtkern zählt stolze vierhundert Jahre (S. 79).

Magazin

Informationen zu Lebensart und Landeskunde, Architektur, Kunst und Politik.

Art-deco-Architektur ist nirgendwo sonst auf der Welt so reichhaltig zu finden wie in Florida, und zwar besonders im südlichen Teil von Miami Beach. Die Gebäude aus den dreißiger Jahren zeigen sich in den schönsten Pastellfarben, mit Chrom und Neon. Die meisten der Häuser sind Hotels und können deshalb auch von innen besichtigt werden. Viele wurden in der zweiten Hälfte der achtziger Jahre renoviert, und nun glänzen die Glasbausteine, die Streifenfenster, der Chrom und die abgerundeten Ecken der Häuser wieder wie zu Zeiten des großen Gatsby.

Boat people, sowohl jene aus Vietnam, die zuerst so genannt wurden, als auch jene, die seit den sechziger Jahren aus Castros Kuba flüchteten, prägen Kultur und Alltagsleben in Florida. Besonders Miami rivalisiert mit dem viel größeren New York als Schmelztiegel der Völker und Rassen.

Calle Ocho, wie jeder, ob angelsächsischer oder lateinamerikanischer Herkunft, die achte Straße in Miami nennt, ist das beste Beispiel für multikulturelle Gesellschaft. Dort, im Herzen Klein-Havannas, ist Spanisch, nicht Englisch, die Hauptsprache.

Drogen sind leicht und an vielen Stellen erhältlich. Deswegen eine besondere Warnung: Die Amerikaner halten die Rauschgiftsucht für das Problem Nummer Eins, und entsprechend hart greift die Polizei durch. Auch Ausländer werden nach den Gesetzen Floridas abgeurteilt. Ein Aufenthalt im State Penitentiary (vielleicht mit Zwangsarbeit beim Straßenbau im Sumpf) ist weitaus ungemütlicher als die Haft in einer deutschen Vollzugsanstalt.

Flamingos sind das Wahrzeichen des Staates Florida. Die rosaroten Vögel, die stets ein Bein angezogen zu haben scheinen, stolzieren hier nicht nur in der freien Wildbahn umher, sondern auch durch öffentliche Parks. Ihr Name leitet sich vom lateinischen »flamma« (Flamme) ab.

Golf ist nur eine von zahlreichen Sportarten, die man in Florida betreiben kann, aber vielleicht die schönste. Denn wo sonst auf der Welt kommt alles – üppige Grünanlagen, gutes Wetter und das Privileg der vorübergehenden Mitgliedschaft – so gut zusammen?

Ernest Hemingway lebte über dreißig Jahre auf der Insel Key West im Golf von Mexiko. Sein Haus ist zu besichtigen, seine Lieblingsbar sowieso: »Sloppy Joe's«. Aber Vorsicht: Drinks wie Daiquiries haben es trotz der vielen Eiswürfel und der Süße in sich.

Indianer waren die Ureinwohner Floridas, und zumeist begegneten sie den Europäern freundlich. Doch diese brachten Musketen, Schnaps und Syphilis. Heute leben hier nur noch wenige Indianer. In den Reservaten posieren sie zwar freundlich für die Kameras der Touristen, doch ihre Not und Resignation bleiben unübersehbar.

Jagen ist immer noch beliebt in Florida, aber anders als bei uns auch »demokratischer«. Selbst ein Tourist erhält ohne Mühe eine Lizenz und kann sich mit Kümmel und Korn auf die Pirsch begeben.

Konquistadoren aus Spanien »entdeckten« Florida. Juan Ponce de León war ihr Hauptmann. Der Sage nach suchte er einen Jungbrunnen in Florida, einem Mädchen aus der Karibik zuliebe. Wahrscheinlich aber war es Gold, das er begehrte, dem spanischen König, Ferdinand V., und sich selber zum Nutzen. Er fand nur das Land – und den Tod. Heute aber lebt er fort als Namensgeber vieler Plätze und Straßen, als Statue und als Gemälde: eine historische Reliquie in einem Land, das sich selber als geschichtslos empfindet.

Lake Okeechobee, indianisch für: großes Wasser, ist Floridas größter See. 1800 Quadratkilometer kristallklaren Wassers sind Fluch

Bootsausflug in die Sümpfe der Everglades

Mit schneeweißen Traumstränden ist Florida reich gesegnet

und Segen für das umliegende Land. Zwar läßt sich der See zum Fischen und zur Bewässerung der Felder ausbeuten; bei Sturm aber schlägt er zurück. In den Flutwellen, welche die Hurrikans aufpeitschen, sind schon Tausende von Floridas Einwohnern umgekommen.

Mickey Mouse und seine Minnie, Goofey, die Gebrüder Duck, ihr Vater Donald und Onkel Dagobert sind die Wirtschaftswundertiere Floridas. Gäbe es sie nicht, dann existierte keine Disney World, kein Magic Kingdom, und dann wäre die Stadt Orlando, die heute etwa 800 000 Einwohner hat, allenfalls eine verschlafene Landwirtschaftszentrale. Die Phantasie-Industrie, für die sie stehen, hat Zentralflorida Wohlstand und Reichtum beschert. Wem da kein Licht aufgeht.

Nachtleben macht wett, was an hoher Kultur fehlt. Besonders Miamis Unterhaltungskultur hat fast New Yorker Niveau. In den Wintermonaten gastieren die großen Musicals, die Shows und die Topstars aus dem Norden. Dank der Kubaner kommen überdies die bekanntesten Künstler und Revues aus Lateinamerika. Florida bietet alles: vom Männerstriptease bis zur Sambatruppe aus Rio, von »Bachelor Parties« (diskret für: Herrenabende im Striplokal) bis zum neuesten Broadwaystück. Nur Spielcasinos sind verboten. Aber kein Problem: Für einen minimalen Preis fliegen spezialisierte Fluggesellschaften den passionierten Zocker zu den Spielhöllen der Bahamas und der Karibik – Buffet und Show sind im Preis inbegriffen, so daß es sich auch für jene lohnt, die nur gucken möchten.

Osceola, der junge Seminolenkrieger, hatte zwar einen schottischen Urgroßvater, aber er leugnete jegliches weißes Blut in seinen Adern. Als der amerikanische General Duncan L. Clinch die Häuptlinge der Seminolen in das Fort King, nahe dem heutigen Ocala, beorderte, damit sie dort per Vertrag auf ihr Land verzichteten, malte der ängstliche Oberhäuptling Micanopy sein Kreuz auf das Papier. Osceola aber stach mit dem Messer nach dem Vertrag und rief aus: »Das einzige Abkommen, das ich je treffe, ist dieses.« Der zweite Seminolenkrieg, der daraufhin ausbrach, kostete die Amerikaner 40 Millionen Dollar und 1500 Tote. Am Ende nahmen sie Osceola gefangen und verschleppten ihn nach Fort Moultrie in North Carolina, wo er innerhalb eines Jahres an Malaria starb. Der behandelnde Arzt übte noch nach dem Tode am Leichnam Rache, indem er Osceolas Kopf abschnitt und unartigen Kindern zwecks Erziehung zeigte.

Panhandle, das unbekannte Florida, liegt im Nordwesten, und dort, im letzten »Frontier«, finden sich leere Strände und Orte, in denen die Leute noch des Abends auf den Schaukelstühlen ihrer Veranden sitzen und Kautabak ausspucken.

Quicksands, Treibsände, formen in der kobaltblauen See um die Insel westlich von Key West bizarre Muster. Zu sehen sind sie nur aus der Luft, denn der Overseas Highway endet in Key West. Aber Wasserflugzeuge lassen sich vielerorts mieten – auch für eine Besichtigung der Tortuga-Inseln mit dem imposanten, hexagonal angelegten Fort Jefferson aus dem 18. Jahrhundert, dem Gibraltar des Golfes von Mexiko.

Raketen starten am Cape Canaveral, und zwar gar nicht so selten – die NASA gibt Auskunft über die Termine. Nur mit der Raumfähre wird es wohl bald nichts mehr sein. Die Air Force, welche die meisten der Ladungen (Spionagesatelliten!) ins All liefert, hat inzwischen herausgefunden: Unbemannte Raumflüge sind billiger und weniger gefährlich.

Soziale Gegensätze sind nirgends krasser als in den Vereinigten Staaten. Rassenprobleme und eine extrem hohe Kriminalitätsrate sind die Folgen, unter denen besonders auch Miami zu leiden hat. Normalerweise wird ein Tourist davon nicht viel mitbekommen. Aber ein paar Vorsichtsregeln helfen, unangenehme Situationen zu vermeiden. Zeigen Sie keine großen Geldscheine in der Öffentlichkeit. Spazieren und joggen Sie nicht in abgeschiedenen Parks und auf dunklen Straßen. Sollten Sie doch einmal Opfer eines Raubversuches werden, dann händigen Sie am besten gleich Ihr Geld aus;

Versicherungen ersetzen es vielleicht, Sie aber vermeiden, auch noch geschlagen oder gar angeschossen zu werden. Verhalten Sie sich in den Vierteln der Schwarzen nicht so, als ob Sie in den Zoo gingen. Die meisten Schwarzen werden froh sein, normalen, also auch nicht übertrieben freundlichen Umgang mit Weißen zu haben. Andererseits: eine weiße Frau, die alleine in eine schwarze Kneipe geht, muß gewahr sein, daß manche sie für Freiwild ansehen. Gefährliche Situationen zu provozieren ist genauso falsch, wie überängstlich zu sein.

Tallahassee ist, auch wenn es (fast) niemand weiß, die Hauptstadt von Florida – ein kleines Juwel mit vielen alten herrschaftlichen Häusern im Südstaatenstil, gegründet im Jahre 1823 für einen Zweck: Hauptstadt zu werden. Sehenswert sind die Florida State University und im Winter und Frühjahr der Maclay State Ornamental Garden mit seinen Kamelien, Rhododendren und Azaleen.

U-turn bedeutet Wende auf der Straße und ist meistens verboten. Die Amerikaner lieben solche lautmalerischen Abkürzungen. Zum Beispiel: Pedestrians X-ing – Fußgänger kreuzen oder im Laden: If U don't C what you need ask 4 it.

Vizcaya, eigentlich der Golf des spanischen Baskenlandes, heißt im imitationsfähigen Florida ein Herrschaftshaus, das im Stil der italienischen Toskana gebaut ist. Die Renaissancevilla wurde von dem Magnaten der Farmmaschinenindustrie, James Deering, im Jahre 1916 gebaut, böse Zungen behaupten, mit Geld aus dem Alkoholschmuggel. Ein Muß für den Liebhaber formeller Gärten.

Workoholics nennen die Amerikaner Menschen, die sich in ihrer Arbeit ertränken. In Florida sollten Sie sich von Ihrer anderen Seite zeigen. Denn hier wird genauso hart entspannt wie anderenorts gejobbt.

Yankees werden die Ostküstenamerikaner aus dem Norden genannt, und dies nicht selten mit abfälligem Unterton, obwohl sie doch das größte und das treueste Kontingent von Florida-Touristen stellen.

Zypressen sind in Florida fast immer von einem schmarotzerischen grauen Moos behangen – auch ein Wahrzeichen des amerikanischen Südens. Sie finden sich auch in den Cypress Gardens, einem Amüsierpark in Orlando, der lange vor der Disney World geschaffen wurde und der unter anderem im Juni die Weltmeisterschaften im Wasserski zu bieten hat.

Essen und Trinken

Das erste, was Ihnen angenehm auffallen wird: Sogar in einfachen Fast-Food-Restaurants wird ein »Host« oder eine »Hostess« Sie empfangen und Sie zu einem Tisch geleiten. Man stürmt nicht einfach hinein und sucht sich freigewordene Plätze, sondern wartet höflich beim Schild »Please wait to be seated«. Dafür aber kommen Sie nie in die Lage, sich mit jemandem um einen Tisch streiten zu müssen. Sie werden erst zum Tisch gebracht, wenn er sauber gewischt und frisch gedeckt worden ist. Sollte es Wartezeiten geben, dann wird man Sie – in besseren Restaurants – fragen, ob Sie erst an der Bar einen Drink nehmen möchten. Auch bei der Kleidung legen die Amerikaner Wert auf Formen. Das heißt: Jackett und Krawatte für den Herrn, Rock oder Kleid, auf jeden Fall keine kurzen Hosen für die Dame. Das gilt allerdings nur in den besten Restaurants.
Ansonsten geht es recht locker daher. Paradoxerweise dürfen sofort nach dem Hinsetzen Jacketts abgelegt und Krawatten gelöst werden; das stört niemanden. Selbst im Spitzenrestaurant kann es Ihnen passieren, daß der Weinkellner nicht etwa den Korkenzieher, sondern die von Ihnen bestellte Flasche Bordeaux dreht und diesen dabei kräftig durchschüttelt. Ich habe einmal im »Brass Elephant« auf Sanibel Island eine Flasche Champagner bestellt und hörte, wie der Kellner mitten durch den Saal seinem Kollegen zurief: »Hey, weißt du was, ich habe gerade eine Flasche von diesem irre teuren Importsekt – wie heißt er nochmal? – verkauft!«
Floridas Speisekarte ist so international wie seine Bevölkerung. Es gibt kein Nationalgericht, das Sie nicht bekommen könnten. Preiswert sind die Fast-Food-Läden, die vorwiegend Hamburger, Hühnchen und Pizza servieren. Preiswert und gut sind Chinesen und neuerdings auch Vietnamesen. Dort kann man – wie in den Fast-Food-Restaurants – das Essen auch mitnehmen (»Carry out«) oder bei Tisch nicht bewältigte Reste einpacken lassen (»Doggy bag«). Günstig sind auch Sandwiches – in Miami besonders die kubanischen –, die allerorten verkauft werden: im Supermarkt, im Drugstore, neben Tankstellen, in Delikatessenläden, im Coffee Shop.
Geheimtip für ganz Sparsame: Viele Hotels bieten in der *Happy Hour* Imbisse zu minimalen Preisen an. Man muß nur ein Bier, ein Glas Wein oder einen Drink bestellen und kann sich für ein paar Dollar aus den Imbissen ein komplettes Mahl kombinieren. Aber alles, was einen nationalen Beinamen trägt – French, German, Italien, Spanish oder auch nur Classic American oder Caribbean – ist mittel- bis sehr teuer. Normalerweise sind die Speisen von guter bis exzellenter Qualität, wiewohl praktisch immer ein wenig dem amerikanischen Geschmack angepaßt.

Essen und Trinken

Das amerikanische Frühstück ist immens und eigentlich nicht zu bewältigen: Saft, Kaffee, zwei Eier, Speck oder Würstchen, Bratkartoffeln, Toast. Deswegen ist der *Lunch* nur eine kleine Mahlzeit und das frühe *Dinner* – oft schon gegen 18 Uhr – dann wieder ein größeres Essen. Dank der wachsenden Zahl europäischer Reisender führen inzwischen viele Hotel-Restaurants das »Continental Breakfast«, bestehend aus Saft, Kaffee und Croissants.

Bier ist in Florida, wie überall in den Vereinigten Staaten, leicht und wird eiskalt serviert. Einheimische Weißweine stammen aus Kalifornien. Gute amerikanische Rotweine sind selten und dann sehr teuer. Aber europäische Weißweine und sogar Champagner sind sogar in gehobenen Restaurants oft billiger als auf dem alten Kontinent.

Beachten sollten Sie, daß in Florida die Restaurants häufig die Besitzer wechseln und sich von daher Änderungen ergeben können. Wir haben die Telefonnummern der Restaurants angegeben, so daß sie sich vorab informieren können.

Spezialitäten des Landes

In Florida kann man gute Fleischgerichte essen, besonders wenn sie aus heimischer Viehzucht stammen. Im Zentrum und Norden des Landes werden auf saftigen Wiesen hervorragende Rinder gezüchtet, deren zartes Fleisch ausgezeichnete Steaks ergibt. Und wer Fisch und Meeresfrüchte mag, für den ist Florida ein Paradies: Hummer von den Keys, Shrimps und Austern aus Apalachicola und Fisch von allen Meeresküsten und Binnenseen. Guten Fisch bekommt man besonders in Restaurants in Hafennähe, die den Fang des Tages (»catch of the day«) auf einer Tafel ausschreiben, oder in kleinen Hafenkneipen.

Besonders empfehlenswerte Regionalgerichte sind die Muschelsuppe *Conch Chowder* und der Tiefseefisch *Red Snapper*. Schwer zu bekommen, aber wirklich delikat, ist die kubanische *Seviche*, marinierter roher Fisch (oder wahlweise auch rohe Krabben) mit Kräutern und Knoblauch. Auch nicht immer zu haben, aber sehr schmackhaft ist der *Florida Lobster*. Er besitzt keine Scheren und ist bunter als der Hummer aus dem Norden. Letzterer wird dagegen das ganze Jahr über serviert. Kein Florida-Aufenthalt ist komplett, ohne wenigstens einmal *Lime Pie* gegessen zu haben: herrlich glibbriger, süßer Limonenkuchen zum Nachtisch.

Getränke- und Speisenlexikon

Wir führen nicht nur die englischen Wörter auf, sondern auch jene ausländischen, die sich so sehr eingebürgert haben, daß sie im allgemeinen Sprachgebrauch an die Stelle der englischen getreten sind.

Getränke (beverages)
beer: Bier
cocktails: alkoholische Mixgetränke
coffee: Kaffee

hot chocolate: Kakao
iced tea: Eistee
iced water: Eiswasser
juice: Saft
soda pop: Limonade
tea: Tee
wine: Wein

Speisen (dishes)
apple pie: gedeckter Apfelkuchen
apricot: Aprikose

Essen und Trinken

artichoke: Artischocke
asparagus: Spargel

bacon: Speck
bagle: jüdische Kringelbrötchen
barbecue: Gegrilltes (meist vom Holzkohlengrill)
batter: Schlagteig
bean: Bohne
beef: Rindfleisch
Benedictine: nach Benediktiner Art (z. B. Eier, Likör)
biscuit: Keks
boar: Eber
boar's head: Schweinskopf
bread: Brot
broccoli: Broccoli, Spargelkohl
buffet: Selbstbedienungsmahlzeit
butter: Butter

cantaloup: Zuckermelone
catch of the day: frischer Fisch vom Tage
cereal: Getreide, i. e. corn flakes und dergleichen
chicken: Huhn
chili con carne: mexikanisches Bohnengericht mit Rindfleisch
chorizo: würziges Würstchen
chowder: Muschelsuppe
clam: Venusmuschel
coconut: Kokosnuß
cod: Kabeljau
conch: Riesenmuschel
corn: Mais (*cornbread:* Maisbrot, aber *corned beef:* gepökeltes Rindfleisch)
crab: Taschenkrebs
cracker: ungesüßter Keks
crayfish: Flußkrebs
cream: Creme(speise)
creole: auf karibische Art: scharf
curry: indisches Reisgericht (mit verschiedenen Curries)

Danish pastry: süße Teilchen
dessert: Nachtisch
dip: Stippe (für Chips und Crackers)
donut: süßer Teigkringel
dressing: Salatsauce (*French dressing, Italian, Thousand Islands, Blue Cheese, Oil and Vinegar*)
duck: Ente

egg: Ei (bes. *over easy:* gewendetes Spiegelei; *poached:* pochiert; *scrambled:* Rührei; *sunny side up:* Spiegelei)
eggplant: Aubergine

fast food: Schnellgericht
fig: Feige
flan: Karamelpudding
flounder: Flunder
fowl: Geflügel

game: Wild
gingerbread: Ingwerkuchen
grouper: Tiefseefisch

halibut: Heilbutt
ham: Schinken
hamburger: Bulette auf Brötchen
hash: gehacktes (Fleisch oder Kartoffeln)
hero: großes, mehrfach belegtes Sandwich
herring: Hering
honey: Honig
hot dog: Würstchen in Brötchen
hush puppies: Kroketten

ice cream: Speiseeis

jelly: Gelee

kipper: Räucherhering

lime: Limone
lobster: Hummer

mackerel: Makrele
mariscos: Schalentiere
mock turtle soup: falsche Schildkrötensuppe
mojo: kubanische Kräuter- und Knoblauch-Sauce
Moros y Christianos: schwarze Bohnen mit Reis
mullet: Seefisch
mutton: Hammel-, Lammfleisch

omelette: Eierkuchen
oyster: Auster

palmsalad: Salat aus Palmenherzen
pancake: Pfannkuchen

pasta: Nudelgericht (italienisch)
pea: Erbse
peanut(butter): Erdnuß(butter)
pear: Birne
pickle: eingelegtes Gürkchen
pie: Obstkuchen, aber auch Fleischkuchen und Pastete
pigeon: Taube
platanos: leicht bittere Bananen
pomegranate: Granatapfel
pompano: Fisch, mit Sauce im Papierbeutel gebacken
pork: Schweinefleisch
prawn: Garnele
produce: frisches, meist rohes Gemüse
puerco asada: Schweinebraten (kubanisch)

quail: Wachtel

raspberry: Himbeere
roast: Braten
roll: Brötchen
rye bread: Roggenbrot

sausage: Wurst
scallops: Jakobsmuscheln oder Kammuscheln
seafood: Meeresfrüchte
seviche: marinierter, roher Fisch
shrimp: Krabbe, Garnele
snail: Schnecke
snapper: Tiefseefisch
soup-'n'-sandwich: Suppe und belegtes Brötchen, meist Mittagsangebot des Tages
spinach: Spinat
steak: Rindfleisch
stew: Eintopf
stone crab: Steinkrebs
sub oder *submarine:* reichlich belegtes Sandwich

tapas: kleine Speisen nach spanischer Art
trout: Forelle

whipped cream: Schlagsahne

zarzuela: spanisch-südamerikanischer Fischeintopf

Flamingos sind das Wahrzeichen von Florida

Hotels und andere Unterkünfte

Amerika und damit auch Florida ist das Land der *Motels*, der Motor-Hotels. Weil die Entfernungen so groß sind und praktisch jeder über ein Auto verfügt, ist das Motel die verbreitetste Form der Beherbergungsstätte. Motels liegen immer verkehrs- und nicht selten urlaubsgünstig. Deswegen ist es von entscheidender Bedeutung, ob Sie sich einen Leihwagen mieten wollen oder nicht. Falls letzteres, dann sollten Sie sich vorher sehr genau erkundigen, ob das Hotel, das Sie buchen, auch wirklich am Strand liegt. Die Phantasie der Hoteliers kennt keine Grenzen. Ein »Seaview Hotel« mag vor fünfzig Jahren Meeresblick gehabt haben, kann heute aber von Wolkenkratzern umbaut sein. Ein »Beach Hotel« mag in einem Ort liegen, der den Beinamen »Beach« trägt (z. B. Miami Beach), aber trotzdem meilenweit entfernt vom Strand sein. Auch die Mitarbeiter von Reisebüros wissen oft nicht genau Bescheid – meistens kennen sie das Land nicht und verlassen sich auf Kataloge. Ein sicherer Hinweis ist die Bezeichnung »ocean front« – dann liegt die Herberge wirklich direkt am Meer. Wenn Sie ein Zimmer mit Meeresblick wünschen, müssen Sie auf einem »ocean front room« bestehen.
Mit dem Auto ist es natürlich praktischer. Die Auswahl fällt leichter, und es ist eigentlich nie alles ausgebucht. Sollte dies trotzdem – in der Hochsaison – einmal der Fall sein (»no vacancies«), dann empfiehlt es sich, gegen Abend ein zweites Mal anzufragen. Dann nämlich erfolgen die meisten Stornierungen der reservierten Zimmer. Vorausbuchungen sind natürlich sicherer. Motel- und Hotelketten erledigen das für Sie, aber immer nur in der eigenen Kette. Die meisten Motels und Hotels haben 800-Telefonnummern (→ Info: Telefon), die Sie kostenlos anwählen können. Wenn Sie Ihre Kreditkartennummer angeben, wird der bestellte Raum für Sie auf jeden Fall freigehalten. Wenn Sie allerdings nicht erscheinen, müssen Sie trotzdem zahlen.
Die Auswahl ist immens. Es gibt Jugendherbergen (Youth Hostels), billige Ketten wie Motel 6, mittlere wie Marriott und Holiday Inn, teure wie Hilton, Sheraton und Hyatt. Preislich dazwischen und darüber liegen Tausende von Motels und Hotels, die keinen Ketten angeschlossen sind. *Inn* oder gar *Country Inn* deutet auf ländliche, ruhige Lage hin; *Resort* auf häufig luxuriöse Ferienanlagen mit Swimmingpool, eigenem Strand, Tennisplätzen, mitunter sogar Golfkursen. Preisgünstig können *Bed and Breakfast*-Häuser in Florida sein. Manche dieser Privatpensionen befinden sich in alten Gebäuden, die im Südstaaten-Stil restauriert wurden. Besonders hübsch und recht preisgünstig, allerdings nicht sehr komfortabel, sind die neu renovierten Hotels im Art-deco-Viertel direkt am Strand

Hotels und andere Unterkünfte

von Miami Beach. Im allgemeinen sind die Hotels besser ausgestattet als in Europa: Bad sowie Fernsehen und Telefon im Zimmer gehören zur Grundeinrichtung. Viele Motels haben ihre Zimmer mit einer kleinen Küche (»kitchenette«) bestückt, so daß man sich selbst verpflegen kann.

Ferienwohnungen sind nicht ganz leicht zu finden, obwohl es sie in verschiedenen Formen gibt: als Hütten auf Zeltplätzen (»cabins«), als Apartments in Hotels und Motels, als Ferienwohnungen im Teileigentum (»time sharing«), als ganz normale Mietwohnungen (»condominiums«), die für nur einen Monat genommen werden können.

Halb- und Vollpension sind praktisch unbekannt, aber europäische Reiseveranstalter haben inzwischen einige solcher Arrangements getroffen (»European Plan«). Normal ist der »American Plan«, bei dem nicht einmal das Frühstück enthalten ist. Die Übernachtungspreise schwanken je nach Saison: Im Sommer ist es billig, im Winter teuer, von Weihnachten bis Neujahr sehr teuer. Wegen der Rabatte lohnt es sich, über Reisebüros zu buchen. Auf jeden Fall werden auf den Zimmerpreis, der Ihnen genannt wird, noch Steuern aufgeschlagen, so daß Sie stets mehr bezahlen müssen, als Sie erwartet haben. Dagegen ein Trost: Meistens wird der Übernachtungspreis einheitlich für das Zimmer berechnet, gleichgültig ob es von ein oder zwei Personen genutzt wird. Sogar dritte und vierte Gäste können gegen geringen Aufpreis mit im Zimmer schlafen. Auch Familien reisen günstig: Kleinere Kinder können zumeist unentgeltlich im Zimmer der Eltern übernachten, das Hotelpersonal stellt komfortable Betten auf.

Allgemeine Auskunft und Unterkunftsverzeichnisse erhält man vom *Tourismusbüro* in Tallahassee; über preiswerte und stilvolle Übernachtungsmöglichkeiten informiert *A & A* in Winter Park.

In Florida gibt es über 700 Campingplätze. Die Adressen bekommen Sie von der *Florida Campground Association* in Tallahassee. Nicht auf allen Plätzen ist allerdings Zelten möglich, viele Campgrounds sind nur auf Wohnmobile (Caravans) eingestellt. Die schönsten und auch preiswertesten Plätze liegen in den State Parks; Auskunft beim *Florida Department of Natural Resources*.

Florida Department of Commerce Division of Tourism
107 West Gaines Street
410-D Collins Building
Tallahassee, FL 32399-2000
Tel. (904) 488-7598 oder 488-0262

A & A Bed and Breakfast of Florida
P.O. Box 1316
Winter Park, FL 32780
Tel. (305) 628-3233

Florida Campground Association, Department H.
P.O. Box 1 33 55, Tallahassee
FL 3 23 17

Florida Department of Natural Resources
Room 616, Marjory Stoneman Douglas Building, 3900 Commonwealth Boulevard, Tallahassee, FL 3 23 03
Tel. (904) 488-7326

Einkaufen

Besonders Dade County, also der Großraum Miami, ist ein Garten Eden für Shopper. Es gibt – welche Wohltat – kein Ladenschlußgesetz, manche Geschäfte sind rund um die Uhr geöffnet, Warenhäuser und Boutiquen fast immer Sonnabends und Sonntags und bis 21 Uhr oder 22 Uhr an den Werktagen. Souvenirs finden Sie an jeder Ecke, auch in den »Gift Shops« der Hotels (wo überdies Zeitungen, Zigaretten und Drogerieartikel erhältlich sind) und vor allem am Flughafen, wo Dutzende von Geschäften die Haupthalle auf der Abflugetage füllen. Lohnend und für den Sammler ein unendliches Vergnügen sind die kleinen Antiquitätenhändler im Art-deco-Viertel von Miami Beach. Von der kleinen Stehlampe mit verchromten Propellerflugzeugen bis zur polierten, tragbaren Minibar, von der durchsichtigen Plastikhandtasche bis zu Omas Wäschekofferchen, komplett mit Rüschenhose und Seidenstrümpfen, finden Sie hier alles, was die Händler aus den Nachlassen zusammentragen konnten. Größere Stücke können – gut verpackt – durchaus als Fluggepäck mitgenommen werden.

Das eigentliche Shopping findet in den *Malls* statt. Die Malls als Einkaufszentrum zu bezeichnen wäre zu einfach. Sie sind schon fast eine Art Lebensstil. Manche sehen von außen aus wie große Bunker. Aber wie spanische Landsitze öffnen sie sich nach innen. Gärten, marmorne Fußböden, Springbrunnen und künstliche Wasserfälle umrahmen Geschäfte ohne Türen; dazwischen finden sich Cafés,

Cafés, Restaurants, Läden ohne Ende – Urlaubsatmosphäre auf Key West

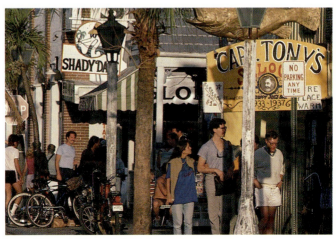

Einkaufen

Restaurants und Hotellobbies, in denen sowohl klassische wie auch populäre Musik live aufgeführt wird. Und in der Servicegesellschaft ist der Kunde König. Nichts von jenen Was-wollen-Sie-eigentlich-hier-Blicken, die einen in so manchen deutschen Boutiquen empfangen. Nur ein Beispiel für die Unterschiede: In einem deutschen Supermarkt schiebt die Kassiererin Ihre Lebensmittel lustlos weiter, Sie wissen nicht, ob Sie erst die Ware packen oder bezahlen sollen; in einem amerikanischen Supermarkt steht jemand hinter der Kasse, packt alles für Sie ein und trägt Ihnen die Lebensmittel zum Wagen. Entsprechend in den Bekleidungsgeschäften. Sie können anprobieren, zurückgeben, sich hinsetzen und die Rechnung fertigmachen lassen, sich für gar nichts entscheiden – trotzdem wird Ihr Besuch mit einem freundlichen Lächeln und einem »Thank you for visiting us« bedankt werden.

Elektronische Geräte sind meist wesentlich billiger als bei uns: scheckkartengroße Taschenrechner, Kassettenrecorder, Kleincomputer und dergleichen. Solche mit Steckdosenanschluß lassen sich meistens umstellen oder per Adapter benutzen. Aber da sollten Sie sich erkundigen, denn das wissen die Amerikaner nicht genau, und sie neigen ohnehin dazu, einem alles zu verkaufen, wegen der Kommission. Lustiges wie Telefone in der Form von Pumps oder von Hamburgern ist auch leicht ans deutsche Netz anzuschließen. Die deutsche Post duldet es inzwischen.

Es gibt ein unendliches Angebot an »Amerikanismen«: die Rollkartei, um die Sie jeder Bürokollege beneiden wird; Leuchtstoff (»Day Glow«)-Badeanzüge, die keiner außer Ihnen im Schwimmbad daheim trägt; Miniaturmeereswellen im Glas, die Ihre Gäste einen ganzen Abend lang zum Rollen bringen werden.

Vieles an *Bekleidung* lohnt sich leider nicht; denn die besten Sachen, die man vor allem in Miamis »Fashion District« findet, sind auf Pariser und Mailänder Niveau, aber von dort importiert und deswegen teurer als bei uns. Und die amerikanische Oberbekleidung ist dann doch nicht so elegant wie die europäische. Dafür aber kann man sich eindecken mit Polohemden, T-Shirts, Collegeschuhen, Strand- und Sportsachen, Bermudas, Jeans, Sonnenbrillen – eben all jenen alltäglichen amerikanischen Dingen, die bei uns gerade populär, aber kaum so günstig zu haben sind.

Aber auch wenn man nicht einkauft, sind die Malls ein Vergnügen. Die Bal Harbor Shops nördlich von Miami Beach bieten Haute Couture auf Weltniveau; die exklusiven Mayfair Shops in Coconut Grove, dem südlichsten Stadtteil Miamis, liegen an einer schicken Promenade im Atriumstil; und der Bayside Marketplace in Downtown Miami ist eine Art internationaler Bazar, wo Sie von chinesischen zu südamerikanischen, von marokkanischen zu britischen Läden wandern können.

Feste und Festspiele

Das größte Fest, das Florida jährlich feiert, ist das *Orange Bowl Football Classic* am Abend des 1. Januar. Football – für manche ein Spiel voller Kraft und Intelligenz, für andere schlicht eine organisierte Schlägerei – zieht die Massen nach Miami; das Spiel wird in den gesamten Vereinigten Staaten im Fernsehen übertragen. Es ist unmöglich, die Regeln des Football zu erklären. Wenn überhaupt Karten für das »Orange Bowl« (es ist das Finale der Spiele in der Hochschulliga) zu bekommen sind, dann geht man am besten mit einem amerikanischen Freund, der einem sagt, wann man klatschen und wann man pfeifen soll.
Sport begeistert die Nation mehr als alles andere. Aber glauben Sie nicht, das sei das einzige, was Florida an Festspielen zu bieten habe. Die kulturellen Aktivitäten sind von erstaunlich großer Breite und großem Umfang. Von Januar bis April ist *Opernsaison*; die Oper von Miami ist eine der größten in Amerika. Ausgezeichnet ist auch das *Bach Music Festival* im Februar in Winter Park bei Orlando. Beim *Palm Beach Festival* in West Palm Beach treten im März die besten Musik- und Tanzkünstler (auch Ballett) des Landes auf. Und das *New World Festival of The Arts* im Großraum Miami im Juni ist das größte Kulturereignis seiner Art in Nordamerika: Opern, Symphonien, Theater, Kammermusik und Film werden von Ensembles aus der ganzen Welt aufgeführt. Alltäglicher sind die Musikfeste wie das *Daytona Beach Music Festival*, die Dutzende von *Bluegrass Festivals* im ganzen Staate und die *Jazz-Veranstaltungen* im September und Oktober in Jacksonville. Außergewöhnlich ist dagegen wieder das *Biggest All-Night Gospel-Sing in the World* im Juli in Bonifay, wo die ganze Nacht lang ein Gospel-Quartett das andere ablöst.
Uramerikanisch geht es auf den *Arts and Crafts Shows* zu, die außer in den Sommermonaten das ganze Jahr über in Florida stattfinden. Anlaß für die Ereignisse ist, wie der Name sagt, meist eine Kunst- oder Handwerksausstellung. Sie reichen von der Kamelienschau in Pensacola über die mit Miniworkshops angereicherte Kunstausstellung *Images* in New Smyrna Beach bis zum Antiquitätenmarkt *Christmas Antiques Show and Sale* in Jacksonville.
Anders als europäische oder südamerikanische Feste haben die nordamerikanischen selten religiöse Ursprünge, und wenn, dann sind diese kaum noch erkennbar. Die Tradition stammt aus der Zeit der Besiedlung des Landes, wo das Auftauchen eines fliegenden Händlers oder ein Pferdemarkt schon ein Ereignis waren. Aber welchen Ursprungs auch immer – bei solchen Veranstaltungen lernt man die Amerikaner von ihrer besten Seite kennen: der Aufgeschlossenheit und der herzlichen Gastfreundschaft.

Sport und Strände

Sport im Urlaub? Dann sind Sie in Florida am richtigen Ort. Es ist nicht übertrieben zu sagen, daß nirgendwo das Angebot größer, der Zugang leichter ist als in Florida. Dazu kommt, daß die Fitneß-Welle noch längst nicht verebbt ist; Sie werden also nie der einzige sein, der nach Sportmöglichkeiten sucht, werden nie Probleme haben, einen Partner zu finden. Nur ein – keineswegs untypisches – Beispiel: Auf dem Weg zur Insel Key Biscayne bei Miami fahren Sie über den Rickenbacker Causeway. Links und rechts der Straße finden Sie Windsurfschulen, Motor- und Segelbootverleihe. Gleich rechts auf Key Biscayne liegt ein wunderschöner öffentlicher Golfplatz. Das Sheraton Royal Biscayne Hotel – eines der drei Hotels linker Hand am Atlantikstrand – bietet zwei Schwimmbäder, Fahrradverleih, Tennisplätze und -unterricht, am Strand sind Katamarane, Segelboote und Surfbretter zu mieten, und zu jeder Zeit läßt sich eine Gruppe zum Volleyballspiel zusammenbringen. Im nahegelegenen Internationalen Tenniszentrum hat Steffi Graf soviel Bewunderung gefunden, daß die Gemeinde Dade County ihr zu Ehren nun jährlich einen Steffi-Graf-Tag feiert. Tiefseefischen? Fahren Sie an einen der Jachthäfen, dort warten die Boote auf Kundschaft. An Korallenriffen tauchen? Wählen Sie in Miami die Telefonnummer 361-DIVE für Unterricht am selben Tage. Zum Schnorcheln gehen Sie einfach an den Strand des Crandon Park, den übrigens auch Fahrradwege und Naturpfade durchziehen und dem ein Riff vorgelagert ist. Und wer es beschaulicher mag, der kann in und um den Cape Florida State Park am südlichen Zipfel der Insel wandern.
Im Grunde ist die Ostküste ein einziger riesiger Strand, mitunter Hunderte von Metern breit. An der Westküste sind die Strände schmaler und schwerer zugänglich, dafür aber weicher und tropischer. Auf den Keys, der Inselkette am südlichen Zipfel, gibt es nur wenige kleine Strände, sie sind eigentlich öffentlich, auf manchen ist sogar das Autofahren erlaubt. Aber Hoteliers und Privatbesitzer haben oft sehr geschickt das Land vor den Stränden so verbaut, daß man glaubt, der Strand sei privat. Oft sind auch die Straßen recht weit von den Stränden entfernt. Stichstraßen führen zu Parkplätzen, für die Gebühren erhoben werden. Daher bedeutet das Wort »Beach« oft: eine Stelle am Strand, wo es Parkplätze, Imbißbuden und Strandwächter gibt. Dort sammeln sich besonders an Wochenenden natürlich größere Menschenmengen, aber es ist nie so voll wie in Europa. Und wer die Einsamkeit sucht, der muß nur ein paar hundert Meter nach links oder rechts gehen, um allein zu sein, denn die lauffaulen Amerikaner glucken recht gern zusammen. Zu den schönsten Stränden der Ostküste zählen: Fernandina Beach, Amelia

Sport und Strände

In Daytona Beach ist der Strand auch für Autos offen

Island, Flagler Beach, Navarre Beach und Delray Beach. An der Westküste liegen der bezaubernde Panama City Beach, Caladesi Island, Anna Maria Island und Captiva Island.

Passive Sportler werden vielleicht ihren Fußball vermissen, aber amerikanisches Basketball sowie Baseball und Football sind, wenn man sie versteht, auch nicht ohne Spannung. Ganz auf seine Kosten wird der Liebhaber von Hunde- und Pferderennen kommen. Besonders spannend aber ist das aus dem Baskenland kommende Jai-Alai, das in zehn Hallen in Florida gespielt wird. Wer aktiv ist und außer Wassersport, Fahrradfahren, Golf und Tennis noch etwas sucht, kann sich – am besten über den Assistant Manager seines Hotels – nach den Möglichkeiten vorübergehender Mitgliedschaft in einem Club, sei es Squash, sei es Gewichtheben, erkundigen. Denn viele Sportaktivitäten finden in privat organisierten Clubs statt, die Rasen, Plätze und Hallen sind nur Mitgliedern zugänglich.

Die schönsten Strände Floridas

Cape Florida State Park
Weicher Sand unter Palmen auf Key Biscayne (S. 47).

Miami Beach
Ausgedehnte Traumstrände direkt vor den Toren der Metropole (S. 48).

Miracle Strip
Weite Dünen und wilde, leere Strände nahe Panama City (S. 85).

Sanibel und Captiva Islands
Weicher, weißer Sand an der Westküste der Inseln (S. 76).

Natur und Umwelt

Der Flamingo ist das Wahrzeichen, der Alligator fast so etwas wie das Haustier Floridas. Die Tierwelt ist von einem überraschenden Artenreichtum: Pelikane und Kormorane sind keine Seltenheit, Rochen und Delphine findet man in allen Küstengewässern. In Floridas Aquarien kann man die hochintelligenten Delphine atemberaubende Kunststücke vorführen sehen. Im offenen Meer bieten die menschenfreundlichen Tiere Schutz vor Haien, die sie mit ihren harten, runden Schnauzen in die Flanken stoßen und verjagen. Es ist auch schon oft vorgekommen, daß Schwimmer, die sich zu weit herausgewagt hatten, von Delphinen an den Strand zurückeskortiert wurden.

Ein großer Teil Floridas besteht aus Naturschutzgebieten wie dem *Apalachicola National Forest, Great Heron National Wildlife Refuge* und dem *John Pennekamp Coral Reef State Park*. Das sind nur drei von etwa zwei Dutzend Stätten geschützter Fauna und Flora. Am interessantesten sind jedoch die *Everglades*. Dreihundert Vogelarten, sechshundert Fischarten, unzählbare Säugetiere bevölkern dieses riesige Sumpfgebiet; 45 Pflanzenfamilien gedeihen hier, die es sonst nirgendwo auf der Welt gibt. Ob man mit dem Auto oder im Boot in die Glades kommt, auf keinen Fall sollte man das, was man links und rechts sieht, für einfaches Gebüsch oder stille Tümpel halten. Es handelt sich hier nämlich um komplexe Ökosysteme. Darunter: Küstenprärien mit Kakteen und Yuccas, zwischen denen sich Marschkaninchen tummeln; »willows«, eine weidenartige hellgrüne Vegetation, in der sich Alligatoren verstecken; Zypressen, von denen die bartähnliche Parasitenpflanze »Spanish moss« hängt, und die »hardwood hammocks« – hängemattenartige Inseln aus verfaulter Pflanzenmaterie, auf denen Palmen, Mahagoni und Feigen wachsen. Die Mangrovenhaine an den südwestlichen Rändern schützen die Sümpfe vor Sturmfluten.

Hätte man vor hundert Jahren schon an Umweltschutz gedacht, wäre vermutlich ganz Florida zum Naturpark erklärt worden. Denn diese Mangroven- und Sumpfwelt ist einmalig auf der Erde. Hier brüten nicht nur so seltene Vögel wie Ibisse, Reiher und Seeadler, hier gibt es an die fünfzig Pflanzenarten, die sonst nirgendwo gedeihen. Auch die *Korallenriffe* in den Küstengebieten hätten geschützt werden müssen. Sie brauchten Tausende von Jahren, um zu wachsen – und wurden von Menschen in Tagen zerstört, sogar aus rein industriellen Gründen wie der Gewinnung von Kalk. Als Taucher oder Schnorchler sollten Sie darauf achten, daß Sie die Korallen nicht einmal berühren, geschweige denn abbrechen – und das auch im eigenen Interesse, denn sie können sehr scharfkantig sein.

Natur und Umwelt

Manche Umweltschützer fürchten, daß es in einem Vierteljahrhundert keine Everglades mehr geben wird. Es muß dort natürliche Gezeiten geben, sie brauchen viel Wasser und benötigen sogar Brände, damit die niedrigen Gewächse nicht im Schatten der Pinien verkommen. Heute aber wird das Wasser zuerst in die Städte gepumpt – der 1,4 Millionen Hektar große Naturpark bekommt, was übrigbleibt. Eine weitere Absenkung des Wasserspiegels aber wäre verheerend für das Sumpfgebiet. Einige der rund hundert Grasgattungen sind schon verschwunden. Bereits Ende des vergangenen Jahrhunderts versuchten Siedler, die Sümpfe trockenzulegen, um Ackerland zu gewinnen. Straßenbau, Wasserentnahme für die Städte und das Vordringen der Landwirtschaft bedrohen das Feuchtgebiet ebenso wie die Regulierungsversuche der Ingenieure.

In den dreißiger Jahren deichte das Army-Ingenieurcorps den Lake Okeechobee, den riesigen See im Norden der Everglades, ein, weil dessen Wasser in den Jahren 1926 und 1928 bei Stürmen Tausende von Siedlungen unter sich begraben hatte. Als aber 1947 wieder einmal ein Orkan über Südflorida hinwegfegte, konnten die Wassermassen des großen Sees zwischen Deichen und Kanalbefestigungen bis zu Orten gelangen, die sonst nie in Mitleidenschaft gezogen worden wären.

Mit Hurrikans, also tropischen Wirbelstürmen, ist im Bereich des Golfes von Mexiko – und damit auch in Florida – vor allem in den Monaten Juni bis Oktober zu rechnen. Die wirbelnden Luftsäulen, die Windgeschwindigkeiten von über 120 Stundenkilometer erreichen, können bis zu acht Tage »alt« werden, bis sie sich über Land oder kälteren Wassergebieten auflösen.

Das Werfen von Abfall jeder Art auf die Straße wird in Florida scharf geahndet. Andererseits aber hinkt der Staat hinter denen des Nordostens her, wo für Getränkedosen und Plastikflaschen ein so hohes Pfand zu zahlen ist, daß es sich lohnt, sie zu sammeln und zum Laden zurückzubringen. Auch hier können Urlauber helfen: nicht nur, indem sie die Gesetze beachten, sondern indem sie auch fragen, weshalb wiederverwendbarer Müll nicht längst mit Pfand belegt wird. Also: auch als Tourist kann man zum Schutz der Natur beitragen. Die Amerikaner sind inzwischen sehr umweltbewußt. Der Gedanke, daß jeder einzelne aktiv werden muß, ist stärker verbreitet als in Europa.

Und zum Schluß noch eine Überlegung: Muß die energieverschwendende Klimaanlage immer laufen? Die Hoteliers sollten wieder vernünftige Thermostate und Schalter einbauen, die guten alten amerikanischen Fliegengitter sollen wieder her, damit man die Fenster offen lassen kann. Ohnehin ist eine nächtliche Brise angenehmer und gesünder als das ständig lärmende Gepumpe von eiskalter Luft. Darauf können Sie direkt Einfluß nehmen.

Routen und Touren

Ferienstraßen und gekennzeichnete besondere Routen finden Sie in Florida in den Nationalparks. Sie führen durch eine wunderschöne, oft exotische Natur. Wir wollen aber an dieser Stelle auf lohnende Touren verweisen, die nicht Ferienstraßen im eigentlichen Sinne sind.

Mit dem Auto

Von Apalachicola nach Chrystal River Südwestlich des Apalachicola National Forest, an der Küste des Golf von Mexiko, liegt das kleine Städtchen Apalachicola, wo 90 Prozent der Austernernte Floridas gefischt werden. Von hier aus fährt man auf der US 98 bis nach Perry. Eine Stichstraße führt nach etwa 80 km zum verschlafenen Fischerörtchen Spring Creek mit guten Fischrestaurants. Zurück in Perry, biegt man in die 19 ein und fährt, nicht mehr direkt an der Küste, über Chiefland nach Chrystal River.

Ein Abstecher lohnt sich nach Cedar Key, ein Fischerdorf am Golf von Mexiko. Kurz vor Chrystal River liegt Yankeetown ganz nah an der Hauptroute, eine idyllische Siedlung, an deren Küste es Wälder und Marschen statt Sandstrand gibt. Auch in dem Ferienort Chrystal River, der gleichnamige Fluß ist ein Schutzgebiet für Seekühe (Manatees), sind wir immer noch, wie auf dieser ganzen Tour, im »anderen« Florida, weitab vom Massentourismus. Von Chrystal River ist es nicht mehr weit (160 km) nach Orlando, der Heimat der Walt Disney World (→ Orlando).

Von Miami nach Key West Die erste Route geht von Miami nach Key West, rund 180 Meilen, davon über die Hälfte auf dem Overseas Highway, wie die Bundesstraße US 1 dort heißt, weil sie auf Stelzen von Insel zu Insel führt. Wenn Sie es nicht allzu eilig haben, können Sie gleich in Miami auf die US 1, die durch die Stadt als Biscayne Boulevard beziehungsweise Brickell Avenue führt, einbiegen. Südlich von Homestead fahren Sie an der Gabelung bei Florida City links ab. Bald kommen Sie zu einer Mautbrücke, die Sie zur ersten der Keys, zur Insel Key Largo, führt. Nun folgen weitere 31 Korallen- und Kalkinselchen. Die letzte ist Key West, wo Hemingway lebte. Sein Haus und selbstverständlich seine Lieblingsbar »Sloppy Joe's« sind der Öffentlichkeit zugänglich. Am südlichen Ende von Key West steht ein Pfahl mit dem doppeldeutigen Namen »South Pole« (Südpol oder südlicher Pfahl): Von dort sind es nur noch 90 Meilen bis Havanna. Für die Fahrt nach Key West benötigt man wegen der Geschwindigkeitsbegrenzung rund vier Stunden. Aber die Hoteliers, Restaurantbesitzer und Geschäftsleute haben sich ein witziges System einfallen lassen, um Ihnen zu sagen, wie weit es noch zu ihren Geschäften ist. Alle Entfernungen werden von Key West aus berechnet, und zwar in »Mile Markers«, abgekürzt MM. Key West liegt also bei MM0, ein bestimmtes Hotel, das bei MM 37 läge, wäre 37 Meilen vor Key West zu finden.

Durch die Sumpflandschaft der Everglades Eine andere Route führt von Miami durch die Everglades nach Flamingo. Man kann wiederum den Highway US 1 nach Süden nehmen, um diesmal kurz vor Florida City rechts auf die Land-

Routen und Touren

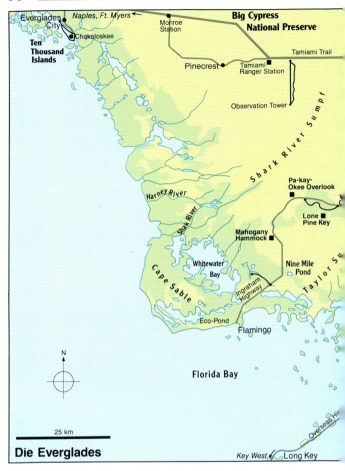

Die Everglades

straße 27 abzubiegen (schneller durch Miami und nach Süden führen allerdings die innerstädtischen Expressways und der gebührenpflichtige Florida Turnpike). Nicht weit nach Homestead stoßen Sie auf das »Visitors Center and Park Headquarters«, am Eingang zum Everglades National Park.

Es lohnt, sich dort zu informieren, denn auf den ersten Blick mögen manch einem die Everglades als eintöniges Feuchtgebiet erscheinen. Erst bei genauerem Blick erkennt man die Vielfalt von Pflanzen- und Tierleben dort.

Die Straße führt als »Ingraham Highway« nach Flamingo, das an der Küste liegt. Auf dem Weg dorthin weitere Besucherzentren, mehrere Naturpfade und verschiedene Kanurouten. Die Propellergleitboote dürfen im Nationalpark übrigens nicht anlegen. Alligatoren wird man leicht erkennen und aufregend finden. Und die Hinweise der Touri-

wird eine ruhige Route vorfinden. Südöstlich der »vergessenen« Stadt Pensacola (immer noch 200 000 Einwohner) stößt man auf den US Highway 98, der bis zum Apalachicola National Forest über 300 km an der schönen Küste des Golf von Mexiko entlangführt. Trotz der Größe Pensacolas ist der Ausdruck »vergessen« nicht völlig falsch: Hier, ein paar hundert Kilometer von den großen Ferienzentren entfernt, finden sich leere Strände und einfache Unterkünfte.

Mit dem Boot
Kanufahrten in den Naturparks
Florida bietet zahlreiche und schöne Wasserwege für Kanufahrer, besonders in den Naturschutzgebieten und auf den Waldflüssen im Norden.

In Flamingo können Sie Kanus und Boote ausleihen, alle Informationen erhalten Sie bei der Flamingo Ranger Station. Unerfahrenen ist ein Tagestrip zu empfehlen, zum Beispiel die sechsstündige Fahrt vom Bear Lake aus. Nur Profis ist wohl der von Flamingo nach Everglades City führende »Wilderness Waterway« anzuraten, der eine Woche lang durch die einsame Wildnis der Everglades führt. Für Mehrtagestouren benötigen Sie ein Back-Country Use Permit (kostenlos an der Ranger Station zu bekommen).

Auf der Route von Orlando nach St. Augustine über die US 441 und die Straße 19 kann man im Ocala National Forest eine mehrstündige Kanufahrt auf dem Dschungelfluß Juniper River unternehmen und an den Naturquellen Juniper Springs wandern. Von wildromantischen Abenteuerfahrten bis zu einstündigen Kurztrips ist in Florida in Sachen Kanufahren alles zu haben.

Flamingo Ranger Station
Tgl. 8–17 Uhr
Kanureservierung Juniper Springs
Tel. (904) 625-2808

stenführer auf Hunderte von Vogelarten und den Pflanzenreichtum der Sumpflandschaft, die im Grunde genommen ein riesiger, träge dahinfließender Fluß ist, werden einem die Augen für ein einmaliges Ökotop öffnen.

Von Pensacola zum Apalachicola Forest Wer sich bis in den Panhandle im Norden von Florida begibt (wo es in den Wintermonaten nicht immer garantiert warm ist), der

Orte und Ziele in der Umgebung

Daytona Beach

In den Vereinigten Staaten gibt es Indianerreservate, Naturreservate und Studentenreservate. Ein solches Studentenreservat ist Daytona Beach. Zwischen der ersten Märzwoche und Ostern, also in der Zeit der amerikanischen Frühjahrssemesterferien, kommen um die 400 000 Studentinnen und Studenten an diesen Strandort, der eigentlich aus Daytona, Ormond Beach und Daytona Beach besteht. Die meisten der 23 000 Hotelzimmer sind dann ausgebucht. Schließlich werden den Studenten nicht nur Sonderrabatte eingeräumt, die Hotelbesitzer geben auch kostenlose Bierparties. Allerdings – ein Reservat braucht halt seine Regeln – verlangen die Hotels zu dieser Zeit eine Kaution von 50 Dollar. Es könnte ja sein, daß die Wilden etwas kaputtmachen. Richtig voll ist es auch im Januar und Februar, wenn die Autorennen auf dem Daytona International Speedway beginnen. Höhepunkt ist Mitte Februar das »Daytona 500 Grand National Stock Car Race« der aufgemotzten Serienwagen. Früher, als John D. Rockefeller noch regelmäßig in seiner Villa in Ormond Beach den Winter verbrachte, fanden die Autorennen auf dem Strand statt. Der nämlich ist hart, aber breiter und glatter als eine Asphaltstraße. Männer wie Chevrolet, Ford und Olds machten sich damals Namen, die heute als Automarken unvergeßlich geworden sind, indem sie auf der »abgemessenen Meile« Geschwindigkeitsrekorde aufstellten. Gemächlich geht es auch heute nicht her in Daytona, denn hier treffen die Girls die Boys und die Boys die Girls.

Sehenswertes

Beach Sehenswert ist der 50 km lange und fast 200 m breite Strand. Und die Amerikaner gehen nicht nur zum Sonnen an den Strand, sondern auch zum Autofahren. Der harte Sand ist von Ormond Beach bis zum Ponce de León Inlet befahrbar.

Casements Wer sehen möchte, wo und wie John D. Rockefeller seine Winter verbrachte, kann dessen »Casements« genannten Zufluchtsort besichtigen, der heute ein Kulturzentrum ist.
25 Riverside Drive
Tel. 673-4701
Tgl. 9–17 Uhr
Eintritt frei

Treffpunkt

Auf dem Boardwalk, der in Dutzenden von Schlagern besungenen Holzpromenade am Strand, amüsiert man sich auch noch nach Sonnenuntergang – besonders in der »Top of the Boardwalk Diskothèque.«

Museum

Museum of Arts and Sciences Das Museum beherbergt eine der besten Sammlungen der Welt von kubanischer Kunst. Darüber hinaus befinden sich im Wissenschaftsteil die außergewöhnlich gut erhaltenen Überreste eines riesigen prähistorischen Säugetieres.

1040 Museum Boulevard, nahe Nova Road
Tel. 225-0285
Di–Fr 9–16 Uhr, Sa 12–17 Uhr
Eintritt $ 2, Kinder 50 Cents

Restaurants

La Crêpe en Haut Eleganz, eingerahmt von exklusiven Geschäften und Boutiquen. Zwar führt man viele Sorten von Crêpes, aber es gibt auch Seezungen, Schnecken und andere französische Köstlichkeiten.
Fountain Square Shopping Village
142 East Granada Street
Tel. 673-1999
1. Kategorie

Down the Hatch Eigene Schiffe bringen den Fang für dieses einfache Fischrestaurant, dessen »all-you-can-eat fish special« unschlagbar günstig ist.
4984 Front Street, nahe Timmons Fishing Camp
Tel. 761-4831
3. Kategorie

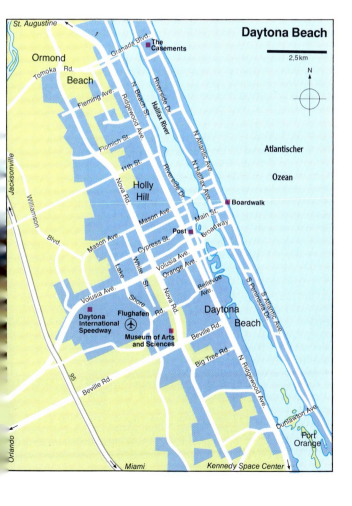

34 Daytona Beach

Duff's Smörgåsbord Hungrige, die wenig Geld ausgeben wollen und keinen Fisch mögen, können ihre Leistungskraft nach dem Motto »all-you-can-eat« am dänischen Smörgåsbord ausprobieren. Abends nur bis 20 Uhr.
Outlet Mall, South Daytona Beach
Tel. 788-0828
3. Kategorie

Kay's Coach House Riesenspeisekarte in einer freundlichen, sachlichen Atmosphäre.
724 Main Street
Tel. 253-1944
3. Kategorie

Klaus Klaus, der ehemalige Kapitän des »U.S. Culinary Olympic Team«, versteht sein Handwerk, zum Beispiel, indem er in seinem gemütlichen Restaurant Seefische mit Sauce hollandaise und Krabben bedeckt oder zum Rinderfilet Sauce choron bereitet.
144 Ridgewood Avenue
Tel. 255-7711
2. Kategorie

Marko's Heritage Inn Die Kellnerinnen tragen Uromakleider; Brot und Zimtbrötchen werden am Eingang frisch gebacken; Steaks, Fisch und Suppen werden auf alte amerikanische Art zubereitet. Auch die Preise sind noch fast altmodisch.
900 South Ridgewood Avenue, Port Orange
Tel. 767-3809
2. Kategorie

Hotels

Die Zimmerpreise in Daytona ändern sich noch häufiger als sonst in Florida. Während der Autorennen im Februar, März und Juli sind sie besonders hoch, dann werden sogar Mindestaufenthalte von drei oder fünf Tagen erwartet.

Best Western Aku Tiki Inn Im polynesisch gestylten Hotel ist immer etwas los, schon wegen der zwei Bars, die bis in die Puppen aufhaben. Alle der geräumigen Zimmer haben Balkons zum Meer, der große gekachelte Pool ist einladend.
2225 South Atlantic Avenue
Tel. 252-9631, kostenlos 800-Akutiki
2. Kategorie

Daytona Hilton Die ungewöhnliche, sägezahnartige Bauweise macht dieses Hilton schon von weitem erkennbar. Die 215 Zimmer sind sehr groß, schön eingerichtet, viele mit Balkons zum Meer. Zwei Restaurants, zwei Pools, Tennisplätze, Sauna, Fitneß-Raum, Kinderspielplatz und viel Strand.
2637 South Atlantic Avenue
Tel. 767-7350, kostenlos 800-Hiltons
1. Kategorie

Del Aire Motel Das kleine Strandmotel hat nur 20 Zimmer, manche davon mit Kochgelegenheit, alle haben etwas sehr Häusliches. Schwimmbad.
744 North Atlantic Avenue
Tel. 252-2563
3. Kategorie

Ramada Inn Surfside Ramada Inns sind immer ordentliche Häuser in mittlerer Preislage, so auch dieses am Strand gelegene Hotel von sieben Stockwerken. Alle Zimmer haben Balkons zum Strand, manche haben Kochgelegenheiten.
3125 South Atlantic Avenue
Tel. 788-1000, kostenlos 800-322-1322 oder 800-255-3838 innerhalb Floridas
2. Kategorie

Spindrift Ein ruhiges kleines Motel mit einfachen Bungalows, hübschem Pool und schönem Rasen.
3333 South Atlantic Avenue
Tel. 767-3261
3. Kategorie

Treasure Island Ein V-förmiger Turm über dem Strand, was der Vorteil hat, daß auch hier viele Zimmer Balkons zum Meer hinaus haben. Familien kommen gerne zum Treasure Island, auch wegen der beiden Pools, wo sie die Kinder hinschicken können.

Daytona Beach / Fort Lauderdale

2025 South Atlantic Avenue
Tel. 255-8371, kostenlos 800-874-7420
2. Kategorie

Am Abend
Nach Sonnenuntergang wird es recht ruhig in Daytona – außer in den Discos, wo die Phonzahlen kaum noch meßbar sind.
Clarendon Plaza Hotel Gleich drei Nachtclubs stehen zur Auswahl: Penrod's mit Rock-Videos und zwei Tanzflächen; der Plantation Club, wo die Bands live auftreten; 701, eine Bar mit großer Tanzfläche.
600 North Atlantic Avenue
Tel. 255-4471
Eintritt meistens $ 5
Confetti Nur der Menge hinterher, und schon ist man im türkis- und lachsfarben gestrichenen Tanzschuppen am Strand.
21 South Ocean Drive
Tel. 252-5759
Fiddlestix Spirits & Such Bands, die auf die 40er und 50er Jahre spezialisiert sind, spielen Live-Musik.
2286 Route A1A,
Satellite Beach
Tel. (407) 773-4135

P.J.'s Wo Rock'n'Roll regiert und freitags sowie sonntags zwischen 19 und 21 Uhr das Bier nur zehn Cents kostet, da bleiben die Studenten nicht aus.
400 Broadway
Tel. 258-5222
Top of the Boardwalk Diskothèque
Des Abends drängen sich fünfmal so viele junge Leute hinein, als eigentlich erlaubt ist.
Boardwalk

Service
Auskunft
Fremdenverkehrsbüros
Daytona Beach Area Chamber of Commerce
126 East orange Avenue, P.O. Box 2775, Daytona Beach, FL 32015
Tel. 255-0981
Ormond Beach Chamber of Commerce
165 West Granada Street, P.O. Box 874, Ormond Beach, FL 32074
Tel. 677-3454
Notruf
Tel. 767-2211 in Daytona Beach Shores
Tel. 253-6701 in Daytona Beach sowie O (Operator)
Telefonvorwahl Area Code 904

Fort Lauderdale

Das »Venedig von Amerika« mit seinen über 200 Kilometern an künstlichen und natürlichen Wasserwegen ist fast mit Miami zusammengewachsen, aber so etwas wie dessen bravere kleine Schwester. Drei Straßen verbinden die Städte. Interstate 95 ist schnell, kostenlos, aber (1990) noch nicht ganz fertiggestellt. Der Florida Turnpike kostet viel Maut. Highway A1A zuckelt an der Küste entlang – die interessanteste Strecke. Entlang der vielen Kanäle wohnen brave Amerikaner in hübschen Häusern und gepflegten Gärten. Die meist kleinen Hotels bevölkern Familien. Einmal im Jahr aber wird auch Fort Lauderdale frech und laut, in den Frühjahrssemesterferien, wenn hier ebenso viele Studenten einfallen wie in Daytona Beach. Der Boulevard East Las Olas führt in ein strandnahes Kneipenviertel, genannt »The Strip«, das Connie Francis 1960 im gleichnamigen Film mit dem Lied »Where the Boys Are« besang. In den siebziger Jahren verlor der Strip an Anziehungskraft, weil die Stadtväter so ziemlich alles verboten, was den Studenten Spaß machte: neue Bars, die nicht in Hotels sind, Wahrsager, Ballspiel, Frisbeespiel, Drachensteigen, Alkoholgenuß und Essen im Freien. Doch das viele Geld, das die jungen Leute ausgeben, wollten die Bürger auch nicht missen. Deshalb stiftet die Stadt Musikkonzerte, und die Hotels geben im März und April Freibier aus. Vielleicht sind die Studenten von heute auch einfach braver, jedenfalls kommen sie immer noch nach Fort Lauderdale und gehen auf den »New Strip« am Commercial Boulevard. Von dort, sagt man, geht niemand allein nach Hause, es sei denn, er möchte es.

Sehenswertes

Kanäle Wasser ist das wichtigste an Fort Lauderdale. Leider endet der Vergleich mit Venedig hier, die Stadt bietet keine Attraktionen, und das Fort, nachdem sie benannt ist, gibt es auch längst nicht mehr. Dennoch gibt es interessante Besichtigungsfahrten zu Schiff durch die Wasserwege, denn die Wohnhäuser und Gärten öffnen sich sozusagen zu den Kanälen. Hier ist nicht die Glitzerwelt von Miami Beach und nicht der Snobismus von Palm Beach. Dies ist das Mittlere Amerika – mit all seiner Liebenswürdigkeit und all seinem Kitsch.

Die *Jungle Queen* legt täglich am Bahia Mar Yacht Basin um 10, 14 und 19 Uhr (für eine vierstündige Binnenfahrt) ab. Reservierungen sind besonders im Winter unerläßlich.

Jungle Queen
Tel. 462-5596
Tagesfahrten Erwachsene $ 6, Kinder $ 4, Dinnerfahrt $ 18

Auf der *Paddlewheel Queen*, die einen Block südlich vom Oakland Park Boulevard und nahe der US A1A anlegt, geht es etwas förmlicher zu, mit Steak Dinner und Tanz unter den Sternen.

Paddlewheel Queen
Tel. 564-7659
Tagesfahrt um 14 Uhr, Dinnerfahrt 19 Uhr
Erwachsene $ 5, Kinder $ 4, bzw. $ 22,50 und $ 19,50 abends

Treffpunkt

Schöner fast noch als die Kanäle sind die Strände von Fort Lauderdale, und nach kurzer Zeit weiß jeder, an welchen er am liebsten geht. Am Sunrise Boulevard und gegenüber dem Jolly Roger Hotel halten sich viele Berufstätige auf, der Strand gegenüber dem Marlin Beach Hotel ist bei Schwulen beliebt, jener vor der Diskothek Elbo Room ist Treffpunkt der Studenten und in den Sommerferien der Schüler. Einer der attraktivsten, weil nicht so sehr bebauten Strände ist Dania Beach, nördlich zwischen Sheridan Street und Port Everglades.

Restaurants

Burt & Jack's Die Namen stehen für den Schauspieler Burt Reynolds und den Kneipier Jack Jackson. Zusammen buchstabiert das ein Haus am Meer im Stil einer spanischen Mission, in dem gepfefferte Makrelen und Calamari Vorspeisen, Hum-

Yachten und Luxusliner im Hafen von Fort Lauderdale

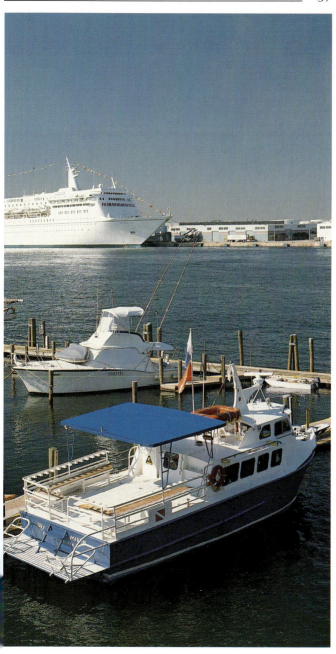

merkuchen und feinstes Beef Hauptspeisen sind.
Berth 23, Port Everglades
Tel. 522-5225
1. Kategorie

By Word of Mouth Nicht nur durch Mund-zu-Mund-Propaganda, sondern auch durch Veröffentlichungen in Gourmetzeitschriften wurde dieses versteckte kleine Lokal mit täglich wechselnder Speisekarte und einem Schlag ins Italienische bekannt.
3200 Northeast 12th Avenue
Tel. 564-3663
2. Kategorie

Café de Genève Wo man Fondue und Geschnetzeltes, Hummer Thermidor und Bündnerfleisch serviert, wo man gar Weine wie Dôle und Fendant auftischt, da ist die Schweiz – mitten in Fort Lauderdale.
1519 South Andrews Avenue
Tel. 522-8928
2. Kategorie

Le Café du Beaujolais Café ist eine kokette Untertreibung für ein Restaurant, das über einen Weinkeller mit 20 000 Flaschen verfügt. Die Speisen sind den Weinen durchaus angemessen.
3134 Northeast 9th Street
Tel. 566-1416
Luxuskategorie

Casa Vecchia Das große Herrschaftshaus aus den dreißiger Jahren wurde in ein Restaurant mit mehreren Sälen verwandelt, der Patio zum Wasser hin könnte auch im eleganten Norditalien liegen. Die Gerichte jedenfalls stammen definitiv von dort. Jackett empfohlen.
209 North Birch Road
Tel. 463-7575
1. Kategorie

Crab Pot Das Haus liegt am Wasser, mitten in einem Lagerviertel. Die Krebse werden einfach auf von Zeitungen bedeckte Tische geschüttet, aber frischer gibt es selten.
4361 North Dixie Highway
Tel. 563-7938
3. Kategorie

15th Street Fisheries »Honest« – ehrlich – nennen die Amerikaner solche Restaurants wie diesen Saal für 260 Leute, in dem praktisch jede Art von Fisch und Meeresfrüchten mit reichlich Beilagen serviert wird.
1900 Southeast 15th Street
Tel. 763-2777
2. Kategorie

French Quarter Im ehemaligen Sitz des Roten Kreuzes, der jetzt dem französischen Viertel von New Orleans nachempfunden ist, gibt es solche Louisiana-Spezialitäten wie Seafood Gumbo und Shrimp fru-fru.
215 Southeast 8th Avenue
Tel. 463-8000
1. Kategorie

Historic Bryan Homes »Historisch« in Florida, nun ja, in diesem Fall ist das Haus aus dem Jahre 1904. Die Speisen sind aus den achtziger Jahren, man nennt die Richtung »Nouvelle Florida«, und das bedeutet: Seviche, Snapper mit Avocado, Ananas und Trauben und mariniertes Alligatorfleisch. Jackett empfohlen.
301 Southwest 3rd Avenue
Tel. 523-0177
Luxuskategorie

Lagniappe Cajun House Noch einmal New Orleans, aber lebendiger mit Dixielandbrunches am Wochenende. Cajun, Creole – das sind solche Sachen wie »Po'boys«, Arme Jungs gestopft mit Krebsremoulade oder »Pepper-pickers andouille sausage with onions and peppers in seasoned French bread« (das mit Wurstbaguette zu übersetzen wäre ein Verbrechen gegen die Phantasie).
3134 Northeast 9th Street
Tel. 566-1416
Luxuskategorie

Left Bank So wie der Besitzer Jean-Pierre Brehier spricht, kocht er auch: amerikanisch mit französischem Akzent. Er sucht das Beste, was Florida und die anderen Staaten zu bieten haben, und behandelt es wie feine Juwelen, womit er sein Re-

Fort Lauderdale

staurant zur Nummer eins der ganzen Gegend machte.
214 Southeast 6th Avenue
Tel. 462-5376
Luxuskategorie
Mai-Kai Zwischen brennenden Fackeln und plätscherndem Wasser geht es hindurch zu kleinen Tempeln, in denen Kellnerinnen in Sarongs die Verführungen der Südsee für Sie auftischen. Nachtclub-Show mit Eintritt.
3599 North Federal Highway
Tel. 563-3272
1. Kategorie
Shirttail Charlie's Charlie war ein Indianer, eine Legende in den zwanziger Jahren. An ihn erinnert die Einrichtung und auch manches von dem Essen, das hauptsächlich aus Fisch besteht. Abends spielen Bands.
400 Southwest 3rd Avenue
Tel. 463-FISH
2. Kategorie
Yesterday's Die besten Tische sind an den Fenstern zum Intracoastal Waterbay, das Essen ist ein bißchen europäisch, ein bißchen Creole, ein bißchen Cajun, auf jeden Fall aber gut und reichlich, was weiter macht, denn im ersten Stock ist eine gepackt volle Disco, wo alle Kalorien wieder beim Tanzen verbrannt werden können.
3001 East Oakland Park Boulevard
Tel. 561-4400
1. Kategorie

Hotels

Bayshore Waterfront Apartments Ruhiges, hübsches Hotel, viele der italienisch eingerichteten Zimmer haben Küchen und getrennte Schlafzimmer. Pool, Patio und Angelsteg.
341 North Birch Road
Tel. 463-2821
2. Kategorie
Embassy Suites Turmbau von zwölf Etagen. Es gibt nur Suiten mit Küchen, in denen sowohl Wohn- als auch Schlafzimmer mit Fernsehern ausgestattet sind. Kostenloses Frühstück, italienisches Restaurant.
1100 Southeast 17th St. Causeway
Tel. 527-2700, kostenlos 800-Embassy
1. Kategorie
Lago-Mar Hotel Eines der wenigen Hotels direkt am Sandstrand, und dieser ist auch noch ziemlich leer. Hotelzimmer, kleine Suiten, zwei Pools, Tennisplätze, Segelbootverleih, kostenloser Transport zum Hafen und Flughafen.
1700 South Ocean Lane
Tel. 523-6511
1. Kategorie
Pier 66 Ein Glasfahrstuhl führt außen zur drehenden Lounge im 17. Stock – auch für Nicht-Gäste eine der schönsten Stellen für den ersten Abenddrink. Grand Hotel mit Balkons, zwei Schwimmbädern, Tennisplätzen und zwei Restaurants.
2301 Southeast 17th St. Causeway
Tel. 525-6666, kostenlos 1-800-327-3796
Luxuskategorie
Sea-Château Ein umgebautes Herrschaftshaus mit 14 Zimmern und fünf kleinen Ferienwohnungen, das gut und bequem eingerichtet ist. Swimmingpool.
555 North Birch Road
Tel. 566-8331
2. Kategorie

Service

Auskunft
Fremdenverkehrsbüro
Fort Lauderdale/Broward County Chamber of Commerce
208 Southeast Third Avenue, P.O. Box 14516, Fort Lauderdale, FL 33301
Tel. 462-6000
Notruf 911 und 0 (Operator)
Telefonvorwahl Area Code 305
Zimmervermittlung
Broward County Hotel and Motel Association
1212 Northeast Fourth Avenue
Tel. 462-0609

Key West

Ernest Hemingway lebte und arbeitete dreißig Jahre auf dieser kleinen Insel am südlichsten Zipfel der Vereinigten Staaten. Heute ist Key West, zu der man über die anderen Keys und den sie mit Brücken verbindenden Overseas Highway gelangt, ein Fischer- und Ferienort, Wohnsitz der letzten Hippies, Treffpunkt der Homosexuellen (besonders zum Karneval), aber auch Anlegestelle der Jetsetter. Die rund 30 000 Einwohner der nur etwa fünf Kilometer langen und nicht einmal zwei Kilometer breiten Insel setzen sich aus mehr Rassen, Kulturen und Lebensstilen zusammen als manch eine Großstadt.

Die Gassen und die hübschen Holzhäuser, genannt »Conch Houses«, machen Key West zu einem der wenigen Orte in ganz Amerika, wo es sich wirklich zu spazieren lohnt. Der Sonnenuntergang verwandelt Key West in einen Zirkus. Das Schauspiel beginnt am Mallory Pier, wo Jongleure, Feuerschlucker, Bongospieler und Parasegler dem offen Haschisch rauchenden Publikum Darbietungen auf einer Bühne geben, deren Hintergrund der sich verfärbende Abendhimmel ist.

Sehenswertes

Ernest Hemingway Home and Museum Das Haus Hemingways, in dem mehr Katzen als Menschen wohnten, wurde im spanischen Kolonialstil im Jahre 1851 erbaut. Im abgeschiedenen Obergeschoß des Gartenhauses entstanden etliche

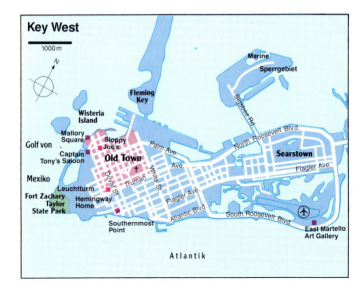

Idyllische Kolonialarchitektur auf Key West

der Hauptwerke des Nobelpreisträgers. Das Trinkbecken für die Katzen im Garten ist ein Pissoir, das Hemingway aus der Bar »Sloppy Joe's« abgeschleppt hat.
907 Whitehead Street
Tel. 294-1575
Tgl. 9–17 Uhr
Eintritt $ 3, Kinder unter 12 Jahren $ 1

Treffpunkt

Den Mallory Pier bei Sonnenuntergang können Sie gar nicht verfehlen.

Museum

East Martello Art Gallery and Museum Einst Teil der Befestigungsanlagen, beherbergt das Museum heute eine Ausstellung über die Zigarren-, Schwamm- und Eisenbahnindustrie der Stadt.
South Roosevelt Boulevard
Tel. 296-3913
Für Öffnungszeiten anrufen
Eintritt $ 2,50, Kinder von 5–17 Jahren 50 Cents

Einkaufen

Am Mallory Square finden sich eine Reihe eleganter Mode- und Schmuckgeschäfte. In der Gasse Pirates Alley gegenüber dem Platz ist die letzte Fabrik, wo noch Zigarren von Hand gerollt werden. Am südlichsten Zipfel der Insel – ist nicht zu verpassen – tauchen manchmal Jungs nach den großen Conchmuscheln, die sie um 5 Dollar herum verkaufen.

Restaurants

A & B Lobster House Keine Atmosphäre, nur ein schlichter Holzboden und ein Blick auf die Bootsanleger, aber großartige Fisch- und Meerestiergerichte.
700 Front Street
Tel. 294-2536
2. Kategorie
Bagatelle Karibische Spezialitäten wie Escargots Martinique und Bahamian Cracked Conch in der Atmosphäre eines »Conch House«.
115 Duval Street
Tel. 294-7195
2. Kategorie
El Cacique Kubanisch. Die besten Media-Noche-Sandwiches, Batidas und Suppe aus schwarzen Bohnen zu unglaublich niedrigen Preisen.
125 Duval Street
Tel. 294-4000, 3. Kategorie

Key West

Claire Ein Koch aus Thailand, Gäste, die sich geben, als kämen sie direkt von einer Broadway-Bühne, ein entsprechendes Dekor und Tischtücher aus Papier sowie Buntstifte zum Draufmalen.
900 Duval Street
Tel. 296-5558
3. Kategorie

Half Shell Row Bar Einfaches Fisch- und Meeresfrüchterestaurant im historischen Gebäude am Anleger der Krabbenfänger. Das Menü wird auf eine Tafel geschrieben. Die Conch Chowder gilt als die beste der Welt.
One Land's End Village
Tel. 294-7496
3. Kategorie

Kyushu Rechts die Sushi, links die Ninjabar, die eine mit Papierlaternen, die andere mit Spiegelwänden und Lackmobiliar, und bei beiden Fisch, der eines Samurais würdig ist.
921 Truman Avenue
Tel. 294-2995
2. Kategorie

Hotels

The Artist House Schön restauriertes Altstadthaus. Behagliche kleine Zimmer. Individuelle Atmosphäre.
534 Eaton Street
Tel. 296-3877
2. Kategorie

Best Western Key Ambassador Ein weitläufiges Resorthotel mit großem Pool, schönem baumbestandenem Garten und Sonnendecks auf mehreren Ebenen.
1000 South Roosevelt Boulevard
Tel. 296-3500, kostenlos 800-528-1234
1. Kategorie

Key Lodge Kleines Motel mit 22 kleinen Zimmern, die von Ventilatoren gekühlt werden. In der Nähe unterhält der Eigentümer noch einfachere Motels, ohne Schwimmbecken und Zimmertelefone, das *Halfred Motel* und das *Red Rooster Inn*. Truman Avenue/Duval Street
Tel. 296-9915
2. Kategorie
Halfred Motel und *Red Rooster Inn*
3. Kategorie

Marriott's Casa Marina Resort Historisches Gebäude im spanischen Renaissance-Stil, in dem sich einst auch die Astors, Robert Frost und Gregory Peck erholten. Sehr luxuriös, mit einem der wenigen Strände von Key West.
1500 Reynolds Street
Tel. 296-3535, kostenlos 800-228-9290
Luxuskategorie

Pier House Ruhiges Grandhotel mit riesigem Grundstück und einem schönen Strand. Jedes Zimmer ist anders geschnitten und eingerichtet. Restaurant, Weinbar.
1 Duval Street
Tel. 294-9541
Luxuskategorie

Russell House Kurhotel nach europäischem Vorbild mit Pool, römischem Bad und esoterischem Gesundheitsprogramm.
611 Truman Avenue
Tel. 294-8787
Luxuskategorie

Santa Maria Einfaches, buntes Hotel. Auf dem Boden des Pools liegt eine Galeone.
1401 Simonton Street
Tel. 296-5678
2. Kategorie

South Beach Motel Ruhiges, kleines Motel am winzigen Strand. Im viktorianischen Haus nebenan können ebenfalls Zimmer gemietet werden, sind aber lange im voraus ausgebucht.
508 South Street
Tel. 296-5611
2. Kategorie

Southernmost Motel Hübsches Motel mit kleinem Pool – eine von mehreren »südlichsten« Stellen der Vereinigten Staaten.
1319 Duval Street
Tel. 296-6577
2. Kategorie

Key West / Miami

Am Abend

Captain Tony's Saloon Wer in Key West wohnt, taucht in dieser leicht vergammelten, aber bestens ausgestatteten Bar angeblich mindestens einmal pro Nacht auf. Gilt als eine der interessantesten des Landes.
428 Green Street

Jan McArt's Cabaret Theater Das Theater bietet Musicals und nennt sich wegen seiner Tische für vier Personen auch Kabarett.
Mallory Square
Tel. 296-2120, tgl. außer Mo

Sloppy Joe's Hier sollen sich häufig »Papa« Hemingway und Inhaber Sloppy Joe mit einer Kiste Whisky ins Hinterzimmer zurückgezogen und Seemannsgarn gesponnen haben. Die Bar, die man gesehen haben muß, selbst wenn man Abstinenzler ist. Voller Hemingway-Erinnerungen.
201 Duval Street

Service

Auskunft
Fremdenverkehrsbüros
– Greater Key West Chamber of Commerce
402 Wall Street
Key West, FL 33040
Tel. 294-2587
– The Florida Keys Visitors Bureau
416 Fleming Street
Tel. 800-FLA-KEYS (kostenlos)

Notruf Olopera

Stadtrundfahrten
– Conch Tour Train: anderthalbstündige informative Rundfahrt.
501 Front Street oder 3850 North Roosevelt Boulevard
Tgl. 9–16 Uhr
Erwachsene: $7, Kinder von 3–11 Jahren $3
– Old Town Trolley Tours: Komfortable Trolley-Busse. Man kann unterwegs aus- und in einen nachfolgenden Trolley wieder einsteigen.
Am Roosevelt Boulevard/Mallory Square und vor den meisten Motels.
Tel. 296-6688
Tagsüber halbstündlich
Erwachsene $8, Kinder unter 12 Jahren $3

Telefonvorwahl Area Code 305

Ziel in der Umgebung

Fort Jefferson Massives Rundfort auf einer der Dry-Tortugas-Inseln aus dem 18. Jh. mit 140 einsatzbereiten, aber nie benutzten Kanonen. Nur per Boot oder Flugzeug zu erreichen. An den Ufern des Forts kann man gut baden und schnorcheln. Zwei Flüge täglich mit *Key West Seaplane* für $95 pro Person.
Murray's Marina Seaplane
5603 Junior College Road, Stock Island
Tel. 294-6978

Miami

Anfang der achtziger Jahre erlebte Miami den größten Bauboom in seiner Geschichte. Downtown verwandelte sich fast über Nacht in eine Wolkenkratzerlandschaft der Postmoderne. Hochhäuser voller architektonischer Überraschung, und die meisten von großer Eleganz, schossen hoch. Miamis Hafen wurde zum größten Kreuzfahrthafen der Welt: Dort beginnen die Törns in die Karibik. Am Flughafen werden heute mehr internationale Flüge abgefertigt als sonstwo auf der Welt. In der Stadt wurde für Milliarden Dollar eine futuristische Hochbahn, »Metrorail«, gebaut, deren kleinerer Bruder, »Me-

tromover« – eine Art Bus auf Schienen –, sich übrigens auch für eine Besichtigung von Downtown eignet. Multinationale Firmen, Banken und Versicherungen bezogen Quartier in Miami, die Stadt wurde reich, elegant und modisch. Südamerikaner, Araber, Europäer – alle zog es sie in die mondäne Sonnenmetropole. Und der Zug legaler und illegaler Zuwanderer hält an. Besonders die hart arbeitenden Exilkubaner haben ihre Sprache und ihre Kultur durchgesetzt und zudem Miami zur wirtschaftlichen und intellektuellen Hauptstadt des karibischen Raumes und großer Teile Lateinamerikas gemacht. Doch sie bleibt ein Ort voller Kontraste. Man kann in Miami per Zufall auf Don Johnson, Steffi Graf oder Elizabeth Taylor stoßen. Man kann aber auch ein paar Häuserblocks entfernt durch die Elendsviertel der Schwarzen von Liberty City fahren, wo es nahezu jedes Jahr einen Aufstand gibt.

Nur New York und Los Angeles sind noch kosmopolitischer, aber Miami ist vielfältiger. Das beste Sushi außerhalb Japans finden Sie in Miami. Das »Calle Ocho Festival« in Klein-Havanna versetzt Sie auf die Zuckerinsel. Coconut Grove ist Dolce vita, das Art-deco-Viertel im Süden von Miami Beach ist Boheme. In Klein-Haiti schmelzen die Gläubigen beim Singen kreolischer Hymnen dahin, im Orange-Bowl-Stadion bebt Normalamerika bei der Kür der besten Universitäts-Football-Mannschaft. Die Gassen um den Española Way in Miami Beach sind wirklich »Miami Vice«, Key Biscayne dagegen hat die behagliche Ruhe eines englischen Country Club.

Miami wurde von einer Frau gegründet, Julia Tuttle, der Gattin des Clevelander Industriellen Frederick Tuttle. Damals, 1875, wurde Florida mit dem Wilden Westen gleichgesetzt. Die Eisenbahn endete gerade südlich der Grenze zu Georgia, rund siebenhundert Kilometer entfernt. Als Julia Tuttle an der Stelle des heutigen Miami von einem Postboot stieg, fand sie die Ruinen eines Armeelagers, einen Handelsposten und ein paar verstreute Plantagen vor. Zwanzig Jahre später, 1895, war Miami von einem Sumpf zu einem Dorado der Grundstückshändler geworden – mit einer Eisenbahnstation, einem Badehotel und in Erwartung der Urlauber, die einen warmen Winter genießen wollten.

Und aus dem Badeort von einst ist eine der wichtigsten Großstädte der Vereinigten Staaten geworden, voll jener Widersprüche, die das ganze Land kennzeichnen: glitzernder Luxus neben unentrinnbarer Armut, unbegrenzte Möglichkeiten neben verzweifeltem Scheitern, religiöse Inbrunst neben gemeinen Verbrechen, verführerische Schönheit neben abstoßender Häßlichkeit. Für manche ist die Stadt eine Hölle, für andere ein modernes Paradies.

Luxuriöser Hotel-Palast mit Tradition, das Biltmore in Miami

Sehenswertes

Brickell/Downtown Die palmenbestandene Brickell Avenue ist eine Art Schnittstelle des alten und des neuen Miami: westlich noch einige Gründerzeitvillen, östlich, direkt am Meer, die Spiegelglas-Stahlimperien der Yuppies. Brickell Avenue führt in die Innenstadt. Besucher können für eine spektakuläre und zugleich bequeme Fahrt dort den Metromover nehmen, der auch an mehreren interessanten Stellen anhält. Darunter der Bayside Marketplace, ein Restaurant-, Geschäfts- und Unterhaltungskomplex an der Bucht von Miami und das im mediterranen Stil gehaltene *Metro-Dade Cultural Center* mit Bibliothek, historischem Museum und dem *Center for the Fine Arts* (→ Treffpunkte).

Coconut Grove Eines der ältesten Viertel von Miami ist Coconut Grove, halb Boheme, halb Luxus. Hübsche Bürgersteige aus roten Ziegelsteinen, beleuchtet von viktorianischen Straßenlaternen, laden zum Spazierengehen ein. Salons mit dem neuesten europäischen Design finden sich neben Schmuckhändlern, Smörgåsbord-Restaurants neben italienischen Cafés. Nach Sonnenuntergang verwandelt sich die Grove von einer urbanen Oase in einen heißen Nachttreff. Aber die Grove bietet auch Geschichte. Einer der ersten Siedler, Commodore Ralph Munroe, baute sich eine ungewöhnliche Residenz, genannt *The Barnacle*, heute ein historisches Museum. Das ursprüngliche Haus war acht Stufen über dem Boden auf Stelzen gebaut, um es vor Hochwasser zu schützen und damit die Luft zur Kühlung zirkulieren konnte. Innen öffnen sich vier Räume zu einem achteckigen Eßzimmer, ein Oberlicht sorgt für einen kühlenden Luftstrom im ganzen Gebäude.

Munroe, ein Fotograf und Schiffbauer, war einer der ersten, der versuchte, die Schönheit der Natur um die Bucht von Biscayne zu erhalten. Deshalb können Sie noch heute, wenn Sie den Main Highway verlassen, Ruhe und Erholung in den wassernahen Parks und den Höfen der Grove finden.

Die vielen Künstler, die sich hier südlich von Miamis Innenstadt niedergelassen haben (und gezwungenermaßen das Viertel auch manchmal »Bohemian section« genannt wird), stellen im Februar für drei Tage gemeinsam aus. Dann beherrscht das Coconut Grove Arts Festival die Straßen, und die Verkaufsausstellungen werden von Musikvorstellungen aller Art begleitet. Jeweils im Juni erinnert sich die Grove der bahamischen Abstammung von Miamis ersten schwarzen Siedlern. Musiker, die auf Muscheln und Ölfässern spielen, übernehmen zu dieser Zeit das Regiment.

Europäisch-amerikanische Vergangenheit findet sich in den Gärten und dem Herrschaftshaus *Vizcaya Museum and Garden*, einem der italienischen Renaissance nachempfundenen Palast mit Antiquitäten und Kunstwerken aus dem 15.–19. Jh., den der Landmaschinenfabrikant J. Deering 1912–16 erbauen ließ.

Das 21. Jahrhundert ist nicht fern: im *Miami Museum of Science und Space Transit Planetarium*, wo Naturgeschichte und moderne Wissenschaftsgeschichte veranschaulicht werden durch Sternenschauen, Laservorführungen und Multimediashows.

Barnacle State Historic Site
3485 Main Highway
Tel. 448-9445
Do–Mo 9–16 Uhr, Führungen 9, 10.30, 13 und 14.30 Uhr
Eintritt frei

Museum of Science and Space Transit Planetarium
3280 South Miami Avenue
Tel. 854-222 und 854-42 47
Tgl. 10–18 Uhr
Eintritt $ 4, Kinder $ 2,50

Miami

Vizcaya Museum and Garden
3251 South Miami Avenue
Tel. 579-2813
Tgl. außer Weihnachten von 9.30 bis 16.30 Uhr
Eintritt $ 5, Kinder von 6–11 Jahren $ 3,50

Coral Gables Der Stadtentwickler George Merrick plante dieses Viertel, in dem die Universität von Miami liegt. Obwohl er sich selber nie außerhalb der Vereinigten Staaten aufgehalten hatte, diktierte der Bauherr – im Grunde seines Herzens ein Dichter und Künstler –, Coral Gables' Architektur solle mediterrane Züge erhalten. Später kamen französische, holländische, südafrikanische und chinesische Häuser dazu, so daß eine Fahrt durch die kurvenreichen Straßen des Orts wie eine kleine Reise um die Welt ist. Am westlichen Ende der Einkaufsstraße Miracle Mile steht das Rathaus, wo Sie einen kleinen Führer erhalten für eine Tour durch die nach der Jahrhundertwende entstandene Gemeinde. Unter anderem geht es zu einem riesigen venezianischen Schwimmbad, dem *Venetian Pool*. Das Bad ist ein künstliches Tropenparadies mit Inseln, Höhlen, Türmen und Brücken, der Öffentlichkeit zugänglich.
Am Rande der multinationalen Kunststadt geht es in den Urwald: 83 Hektar Land werden für den größten tropischen *Botanischen Garten* Nordamerikas reserviert:
Fairchild Tropical Garden
10901 Old Cutler Road
Tel. 667-1651
Tgl. außer Weihnachten 9.30 bis 16.30 Uhr

Hialeah/Miami Springs Lockeres Geld? Auf zu den Wettbüros! Hialeah ist synonym mit Pferderennen. Hialeah Park gilt als eine der schönsten Bahnen der Welt. Sie ist ein historisches Denkmal. In der Saison (Januar bis Mai) gibt sich der Geldadel hier ein Stelldichein; außerhalb der Saison ist sie immer noch schön zu besuchen, wegen der 400 Flamingos und der Symphonieorchester-Aufführungen.

Key Biscayne Über den Rickenbacker Causeway ($ 1 Maut, an Wochenenden oft lange Staus an der Mautstation) geht es zur ehemaligen Kokosnußplantage, der Insel Key Biscayne, die trotz ihrer Nähe zur City ruhige Strände und Parks hat. Der Wassersport beginnt gleich am Rande der Straße an der flachen Hobie Beach.
Vor Key Biscayne kommt noch die kleinere Insel Virginia Key mit einem der ganz wenigen (inoffiziellen) Nacktbadestränden Floridas, dem »Miami Marine Stadium«, wo Konzerte aufgeführt und Motorbootrennen sowie internationale Ruderregatten abgehalten werden.
Gegenüber im *Aquamuseum Planet Ocean* können Sie künstliche Stürme und Orkane erleben, ein U-Boot inspizieren, über die Entstehung der Ozeane lernen. Besonders interessant für Kinder und Jugendliche.
Nebenan liegt das *Miami Seaquarium*, die Heimat des berühmten Delphins »Flipper« und eines Killerwals. Im Gelände auch Haifischfütterung, Seelöwenbecken und ein großes »Lebendige-See«-Aquarium. Key Biscayne ist ein Mekka der Sportenthusiasten mit Weltklasse-Tennisturnieren und einem der besten Golfkurse des Landes. Hinter den abgeschiedenen Luxushotels liegt der öffentliche Park *Bill Baggs Cape Florida State Recreation Area* ($ 1 pro Wagen, von Sonnenaufgang bis Sonnenuntergang) mit 400 ha Wald, Fahrradwegen und einem stellenweise völlig abgeschiedenen Strand, von dem aus sich die Skyline Miamis gut sehen läßt, wie auch Stiltsville, eine Ansammlung von Häusern auf Stelzen in der Bucht, die nur mit dem Boot zu erreichen sind.

Aquamuseum Planet Ocean
3979 Rickenbacker Causeway
Tel. 361-9455
Tgl. 10–18 Uhr
Miami Seaquarium
4400 Rickenbacker Causeway
Tel. 361-5705
Tgl. 9–18.30 Uhr, Shows stündlich jeweils um halb

Little Haiti Mitten in Miami, zwischen Biscayne Boulevard und Interstate 95, der 46th Street und dem 79th Street Causeway, liegt eine Reinkarnation der armen Karibikinsel Haiti. In dem einst »Lemon City« genannten Stadtteil finden sich die Farbenpracht der kreolischen Heimat, in Ladenrestaurants werden Griot (gebratenes Schweinefleisch) und Tassot (gebratenes Ziegenfleisch) angeboten.

Little Havana Die Pulsader des Bezirks der Exilkubaner ist die Southwest 8th Street, die aber jeder auf spanisch »Calle Ocho« nennt. Sie eignet sich zum Entlanglaufen; wer mit dem Auto kommt, muß erst auf der Southwest 7th Street bis zur Southwest 27th Avenue nach Westen, denn ein großes Stück der Calle Ocho ist Einbahnstraße in östlicher Richtung. Klein-Havanna bietet weniger exotische Architektur, dafür aber die Lebendigkeit des Lebens auf Kuba. Beide Seiten der breiten Straße sind voll von kleinen Läden, Stehimbissen, Bars und Konditoreien mit knallbuntem Backwerk. Ältere Männer tragen immer noch die frisch gebügelten, weißen Tropenhemden, die Obststände könnten auf der Zuckerrohrinsel stehen, in den Tabakfabriken werden die Zigarren noch von Hand gerollt. Wer hier Kaffee verlangt, der wird gefragt, ob er »amerikanischen« meint, wenn ihm nicht ohnehin gleich eine kleine Tasse des starken, schwarzen Café Solo gereicht wird. Dazu gibt es Churros, die in Öl gebackenen, süßen Teigwürste aus der spanischen Urheimat. Nachts sind die Lieblingsspeisen Seviche (marinierter roher Fisch) und Paella – etliche Restaurants bieten Flamenco-Tänze zur Unterhaltung.

Jeweils am zweiten Sonntag im März aber wird richtig aufgespielt, zum Karneval, dem »Calle Ocho – Open House Eight«. Das hispanische Fest zieht bis zu einer halben Million Besucher auf die Calle Ocho, zum Finale treffen ähnlich wie beim »Mardi Gras« in New Orleans zwei Festumzugswagen aufeinander, Feuerwerk und Straßentänze können beginnen. Auskunft:
Kiwanis Club of Little Havana
970 SW 1st Street, Suite 407, Miami, FL 33130
Tel. 324-7349

Miami Beach Die Strandstadt, die meist als ein Teil von Miami betrachtet wird, erlebt gegenwärtig ihre Renaissance. Im 80 Block umfassenden *Art-deco-Viertel* im südlichen Teil von Miami Beach schmücken wieder zarte Pastellfarben die Gebäude aus den 30er Jahren, die geometrisch-lineare Formen des Funktionalismus und verspielten Jugendstil vereinen. Hotels und Restaurants wurden ebenso renoviert wie der Strand, der für Millionen von Dollar mit neuem Sand beschichtet wurde; ein Strandpark und ein Spazierweg kamen dazu. Bedauerlich ist nur, daß die Rentner, die auf ihren Schaukelstühlen vor den einst preiswerten Pensionen und Hotels die Sonnenuntergänge genossen, fast völlig verdrängt wurden. Nun genießt die Jeunesse dorée aus der ganzen Welt die Abende an den Chrombars der Hotels. Danach erwacht Miami Beach ein zweites Mal: in den Diskotheken, wo bis in die frühen Morgenstunden getanzt wird. Viele der legendären Hotels an der Collins Avenue sind sehenswert, besonders aber das Fontainebleau Hilton, denn dessen Gärten, Schwimmbad und Wasser-

Miami

Sport und Spaß werden großgeschrieben – Wasserski in Cypress Gardens

fall sieht man gleich zweimal: einmal in Wirklichkeit und einmal als riesiges Trompe-l'œil des Malers Richard Haas, dort, wo die Collins Avenue nach links abschwenkt.

In Süd-Miami-Beach, ausgehend vom South Point Park, ist der Wandel am stärksten zu bemerken. Die architektonische Mischung aus Art deco, Moderne und mediterranem Stil beherrscht die Gegend entlang des Ocean Drive von der 5th Street bis zur 11th Street. Und vergessen Sie nicht den Española Way, westlich der Collins Avenue und gerade südlich der 15th Street, mit seinen spanischen Fassaden. Er ist die Kulisse vieler Folgen von »Miami Vice«. Dieses Viertel ist die jüngste Gemeinde, die im amerikanischen Pendant zum Denkmalschutzregister, dem »National Register of Historic Places«, aufgenommen wurde. Die Lincoln Road Mall ist das Zentrum der bildenden und unterhaltenden Künste, die Proben des »Miami City Ballet« können von einem Fenster auf der Mall beobachtet werden. Sehenswert ist das *Bass Museum oft Art*, eine Gemäldegalerie mit vielen Werken von Sandro Botticelli, Peter Paul Rubens, Franz Hals, El Greco, Auguste Renoir, Pablo Picasso, Vincent van Gogh und anderen.

Bass Museum of Art
2121 Park Avenue, Miami Beach
Tel. 673-7530
Di–Sa 10–17 Uhr
Eintritt $ 2 Erwachsene, Kinder unter 16 Jahren frei

Opa-Locka Ein anderer Bauherr, der Flieger Glenn Curtiss, wollte die Märchen aus Tausendundeiner Nacht Wirklichkeit werden lassen. Eine weitere geplante Gemeinde entstand in Miami: Opa-Locka, realisiert nach den Plänen des Architekten Bernhardt Muller im Jahre 1926. Die Hauptstraßen sind benannt nach den Charakteren der arabischen Nächte und in der Form des Halbmondes angelegt. Die meist von Schwarzen bewohnten Häuser zieren Minarette und Kuppeln, das Rathaus ist ganz im maurischen Stil gehalten.

Treffpunkte

Bayfront Park Ein neuer Park, gerade südlich von Downtown Miami an der Bucht, mit einem Amphitheater für 20 000 Menschen. Treffpunkt besonders bei Konzerten und anderen Aufführungen im Freien.
100 Biscayne Boulevard, Downtown
Tel. 350-7550

Brassies Lounge Bar mit exotischen tropischen Drinks; freundliche Atmosphäre; abends Unterhaltung. Entspannung mit Blick auf die tropischen Gärten.
Holiday Inn Oceanside
2201 Collins Avenue, Miami Beach
Tel. 534-1511
Tgl. 17–2 Uhr

Cappuccino's Ruhige, intime Lounge im eleganten Coconut Grove. Ein Pianist spielt Klavier. Man kann in der Lounge auch essen.
Doubletree Hotel at Coconut Grove
2649 South Bayshore Drive, Coconut Grove
Tel. 858-2500
Tgl. 16–2 Uhr

Center for the Fine Arts Kultur- und wissenschaftsbegierige Floridianer kommen in dieser gut ausgestatteten Enklave, die zusammen mit dem Historischen Museum und der Hauptbibliothek das *Metro-Dade Culture Center* bildet, leicht miteinander ins Gespräch. Ein idealer Ort für leichte und erst recht gehobene Konversation.
101 West Flagler Street, Downtown
Tel. 375-1700 und 375-1492
Tgl. 9–17 Uhr, So ab 12 Uhr, Mo geschl.

Clevelander Poolside Bar Die von grünem Neon beleuchtete Glasziegelbar vor dem Schwimmbad des Clevelander Hotel ist der beliebteste und vielleicht auch der am stärksten bevölkerte Treff derer, die über das Teenalter hinaus sind, sich aber noch nicht gesetzt fühlen. Schon die Lage im Herzen des historischen Art-deco-Viertels hat diese Freiluftbar zum Ort werden lassen, wo man sich verabredet und wo man neue Bekanntschaften macht. Im Schwimmbad inszenieren sich die körperbewußten jungen Schönen noch, während draußen auf dem Ocean Drive schon die Wagen zu den Restaurants vorfahren. Bitte laut bestellen, die Bedienung kommt, wenn die Bar drei Reihen dicht gepackt ist, kaum nach, die tropischen Drinks zu mixen.
1020 Ocean Drive, Miami Beach
Tel. 531-3485
Tgl. 12–4 Uhr

Domino Park In diesem kleinen Park an der Calle Ocho im Herzen von Klein-Havanna treffen sich die Exilkubaner zum Schachspiel, zu Dominopartien und zum Plaudern. Ein paar Worte Spanisch sind hilfreich, um das Eis zu brechen. Aber die meisten sprechen hier, wo südamerikanische Umgangsformen gepflegt werden, trotzdem englisch.
8th Street and Southwest 15th Avenue, Little Havana

Hotel Intercontinental Lobby Lounge Cocktails, Kunst und tropische Atmosphäre – die Lobby Lounge ist um die bekannte Skulptur »The Spindle« des Bildhauers Henry Moore herumgruppiert. Ein entspannender Ort für Geschäftsleute mit gehobenen Ansprüchen, die nach dem Arbeitstag in der Finanzwelt – Miami ist nach New York der größte Bankenplatz in den Vereinigten Staaten – hier ihre Geschäfte fortführen.
100 Chopin Plaza, Downtown
Tel. 577-1000
Mo–Fr 15–23, Sa u. So 12–23 Uhr

Island Club Sehr lebendig ist der Island Club mit seinem Tischtennistisch, der Kunstgalerie »Why Not« und der Musikbox, natürlich längst nicht mehr mit Schallplatten, sondern mit CDs. Der Club öffnet zwar um 17 Uhr, doch so früh läßt sich eigentlich niemand dort blicken, der gesehen werden will.
701 Washington Av., Miami Beach
Tel. 538-1213, tgl. 17–5 Uhr

Le Jardin Tanz zur Klaviermusik oder einfach Plaudern in der intimen Atmosphäre: Le Jardin hat etwas von einem europäischen Tanztee im Park. Jackettzwang für Herren, Reservierung ist von Vorteil, besonders, wenn man auch essen möchte.
Deauville Hotel
6701 Collins Avenue, Miami Beach
Tel. 865-8511
Tgl. 12–2 Uhr

José Martí Park Wer Sport treiben, aber dabei nicht allein sein möchte, wird in diesem neuen Stadtpark gerade westlich des Finanzdistrikts schnell Gleichgesinnte finden, und zwar aus aller Länder Herkunft. Im José Martí Park mischen sich Rassen und Sprachen im beheizten Schwimmbad, auf den Basketballplätzen und den Racketball Courts. Wer die einfachere Variante von Baseball, das Softballspiel, erlernen will, der findet auf dem Feld im Park immer eine Gruppe zum Mitmachen. Und weil die Amerikaner Sport im Park gerne auch mit anderen Vergnügungen verbinden, gibt es einen »Freiluftmarkt« im Park für Musiker und Schausteller.
351 Southwest 4th St., Downtown
Tel. 579-6959
Schwimmbadöffnungszeiten Mo–Fr 10–17, Sa u. So 11–16.30 Uhr
Eintritt 75 Cents, Kinder 25 Cents

Poodle Lounge Informell, aber nicht lässig geht es in der Poodle Lounge im Fontainebleau Hilton Hotel zu. Abends spielen Musikgruppen, deswegen sind auch hier Reservierungen zu empfehlen. Schöner Ort für einen Drink nach einer Besichtigung von Miami Beach, da das Trompe-l'œil an der südlichen Seite des Hotels sehenswert ist.
Fontainebleau Hilton Hotel
4441 Collins Avenue, Miami Beach
Tel. 538-2000
Tgl. außer Fr und Sa 18–2 Uhr; im Sommer Mo geschl., Fr u. Sa 18–3 Uhr

Rickenbacker Causeway Beaches Die Strände entlang der Straße nach Key Biscayne sind am Wochenende einer der Tummelplätze für die Einheimischen von Miami. Mit Kind und Kegel ziehen sie dorthin zum Grillen und Planschen, zum Wasserskifahren und Surfen. Der Strand ist recht klein und laut – aber eben einer der Orte, wo sich die echten Floridianer treffen.

Venetian Park Die künstliche Lagune im venezianischen Stil ist eine der Attraktionen von Coral Gables. Am Sandstrand und zwischen den Höhlen und Steinbrücken läßt sich's flirten wie in Venedig.
2705 Desoto Boulevard, Coral Gables
Tel. 442-6483
Eintritt $ 2,85, Kinder unter 13 Jahren $ 1

Museen

Bacardi Art Gallery Im ungewöhnlichen, mit Mosaikkacheln ausgelegten Gebäude der Bacardi Imports werden Arbeiten örtlicher und internationaler Künstler in der Galerie ausgestellt. Führungen auf englisch und spanisch müssen im voraus vereinbart werden.
2100 Biscayne Boulevard, nördlich von Downtown
Tel. 573-8311
Mo–Fr 9–17 Uhr, Eintritt frei

Barnacle State Historic Site Die Pläne für das Haus des frühen Siedlers Commodore Ralph Munroe wurden vom amerikanischen Transzendentalismus inspiriert; starke Einflüsse stammen von Henry David Thoreaus Buch »Walden oder Leben in den Wäldern«. Heute beherbergt das Gebäude aus dem Jahre 1886 ein historisches Museum.
3485 Main Highway, Coconut Grove
Tel. 448-9445
Do–Mo 9–16 Uhr, Führungen um 9, 10.30, 13, 14.30 Uhr, Eintritt frei

Miami

Bass Museum of Art Im Zentrum von Miami Beach gelegen, stellt das Bass Museum Werke von großen Malern wie Rubens, Renoir, Picasso und van Gogh aus. Gelegentliche Vorlesungen, Konzerte und besondere Ausstellungen ergänzen diese wertvolle Sammlung.
2121 Park Avenue, Miami Beach
Tel. 673-7530
Di–Sa 10–17 Uhr
Eintritt $ 2, Kinder unter 16 Jahren frei

Coral Gables House Das Elternhaus des Bauherrn von Coral Gables, George Merrick, wurde aus Kalkstein und Pinienholz gebaut mit einem korallenfarbenen Kacheldach. Der Wohnsitz war einst das Herrschaftshaus einer Plantage und ist wieder in den ursprünglichen Zustand der zwanziger Jahre gebracht worden.
907 Coral Way, Coral Gables
Tel. 448–94 45
Mi u. So 13–16 Uhr
Eintritt $ 1, Kinder 50 Cents

Cuban Museum of Art & Culture Dieses Museum ist der Förderung und dem Erhalt der kubanischen Kultur gewidmet. Aus der privaten Sammlung der zweihundert Zeichnungen und Gemälde bestechen besonders die Werke von René Portocannero, Carlos Enriquez und Augustin Fernandes.
13 Southwest 12th Avenue, Klein-Havanna
Tel. 858-8006
Mo–Fr 10–17 Uhr, Sa u. So 13–17 Uhr
Eintritt $ 2, Studenten und Senioren $ 1

Historical Museum of Southern Florida Um die Geschichte des südlichen Floridas kennenzulernen, ist dieses, im *Metro-Dade Culture Center* gelegene Museum mit seinen anfaßbaren Ausstellungsstücken und seinen Sonderausstellungen der ideale Ort.
101 West Flagler Street, Downtown
Tel. 375-1492
Mo–Sa 10–21 Uhr, So 12–17 Uhr, Führungen nur nach vorheriger Vereinbarung auf englisch oder spanisch
Eintritt $ 3, Kinder von 6–12 Jahren $ 2

Ein Paradies nicht nur für junge Leute: Miami Beach

Miami

Lowe Art Museum Wechselnde Ausstellungen aus der ganzen Welt und aus den Beständen der Museumskollektion. Permanent sind die Kress-Sammlung von Renaissance- und Barockkunst sowie die Sammlung spanischer Meisterstücke der Cintas-Stiftung. Führungen auf englisch und spanisch nur nach vorheriger Vereinbarung.
University of Miami
1301 Stanford Drive, Coral Gables
Tel. 84-3536
Di–Fr 12–17 Uhr, Sa u. So 10–17 Uhr
Eintritt $ 2, Senioren und Studenten $ 1, Kinder unter 16 Jahren frei

Miami Museum of Science and Space Transit Planetarium Das Museum führt in die faszinierenden Tiefen der Wissenschaft und des Weltraums anhand von 150 anfaßbaren Ausstellungsstücken, Vorführungen wissenschaftlicher Phänomene, von Wanderausstellungen und von Sammlungen seltener und ungewöhnlicher Exemplare aus der Naturgeschichte.
3280 South Miami Avenue, Coconut Grove
Tel. 854-4247
Tgl. 10–18 Uhr
Eintritt $ 4, Kinder von 3–12 Jahren und Senioren $ 2,50

Miami Youth Museum Magie, Phantasie und Träume füllen die Räume des Jugendmuseums. Die Ausstellungen über die Künste der verschiedenen Kulturen sind didaktisch ausgearbeitet: Lernspaß für die ganze Familie.
5701 Sunset Drive, South Miami
Tel. 661-3046
Mo–Fr 10–17 Uhr, Sa u. So 12–17 Uhr, Führungen auf englisch und spanisch nur nach vorheriger Vereinbarung
Eintritt $ 3

South Florida Art Center Dieses einzigartige Zentrum beherbergt die Studios unbekannter und etablierter Künstler aus dem »Lincoln Road Arts District«. Die Studios und Galerien sind der Öffentlichkeit zugänglich. Größere Ausstellungen werden im *Sokolsky Center* gezeigt. Für kostenlose Führungen trifft man sich dort auch um 11 Uhr eines jeden dritten Sonnabends des Monats. Schwerpunkt dieser Führungen: die Arbeiten im historischen Art-deco-Viertel um die Mall. Tag der offenen Tür für das *Sokolsky Center* und die Studios jeweils am dritten Freitag des Monats 19–22 Uhr.
810 Lincoln Road, Art Deco District, Miami Beach
Tel. 674-8278, für Reservierungen der Führung 674-0788
Sokolsky Center
1035 Lincoln Road
Di–So 12–17 Uhr, Fr bis 21 Uhr, einzelne Studios mit gesonderten Besuchszeiten
Eintritt frei

Weeks Air Museum Das Luftfahrtmuseum ist dem Erhalt und der Restaurierung von Flugzeugen aus den Pioniertagen bis zum Ende des Zweiten Weltkrieges gewidmet und stellt über 35 Maschinen aus, die alle noch fliegen können. Zudem: Motoren, Propeller und Modelle.
14710 Southwest 128th Street, Greater Miami South, nahe dem Tamiami Airport
Tel. 233-5197
Mi–So 10–17 Uhr
Eintritt $ 4, Kinder unter 13 Jahren und Senioren $ 3

Einkaufen

Aventura Mall Ein überdachter Einkaufskomplex mit mehr als zweihundert Geschäften und Boutiquen und vier großen Warenhäusern der mittleren bis gehobenen Preisklasse: Macy's, Lord & Taylor, J.C. Penney und Sears.
Biscayne Boulevard/197th Street, North Miami Beach

Bayside Marketplace Am ehemaligen Fracht- und heutigen Yachthafen liegt Miamis schönste Mall, eine palmenbestandene Arkadenstraße mit eleganten Boutiquen, einem »Pushcarts« genannten Markt voller Exotika aus der ganzen Welt und einem »Food Court« mit Imbißspezialitäten.
401 Biscayne Boulevard, Downtown
Die Tram »Bayside Shuttle« fährt zu den Hotels Omni, Mariott, Venetia, Hyatt und Sheraton.

Caron Cherry Die Reisen nach London, Mailand, New York und Paris kann man sich sparen, denn Caron Cherry führt die Modelle von Stardesignern wie Azzedine Alaia, Claude Montana, Moschino, Romeo Gigli, Byblos, Callaghan und Stephane Kélian.
Mayfair Shops in the Grove
3390 Mary Street, Coconut Grove

The Falls Fashion Center Dieser Restaurant-, Unterhaltungs- und Einkaufskomplex mit rund sechzig Läden, darunter der Inbegriff des Warenhauses, Bloomingdale's aus New York, gruppiert sich um eine großartige Wasserlandschaft mit stillen Bächen, gluckernden Kaskaden und rauschenden Wasserfällen. Zedernholzträger und Fußbrücken erwecken den Eindruck eines tropischen Dorfes. Dazu: sieben Kinos und zehn Restaurants.
US 1/Southwest 136th Street, Miami

Franco B. Edler Herrenausstatter, bei dem Mann vom italienischen Schuh bis zum Maßanzug alles findet, was ihn schöner macht.
350 Miracle Mile, Coral Gables

Gray & Sons Gebrauchte Uhren, antike Uhren, seltene Uhren, neue Uhren, wertvolle Uhren – es gibt sie alle bei diesem Juwelen- und Uhrenhändler.
2998 McFarlane Road, Coconut Grove und 1031 Lincoln Road, Miami Beach

H. T. Chittum & Co. Timberland-Schuhe für die Wälder und fürs bequeme Laufen, Handtaschen von den Gurkha und Hunderte anderer Besonderheiten finden sich in diesem Geschäft, dessen multinationaler Verkäuferstab auch deutsch spricht.
Bayside Marketplace, 401 Biscayne Boulevard, Downtown

Ivory Coral Pearls Die klassische Perlenkette, sei sie echt, aus Süßwasser- oder aus Zuchtperlen – hier findet sie sich. Riesige Auswahl.
Aventura Mall
Biscayne Boulevard/197th Street, North Miami Beach

J. W. Cooper Der »Western Saloon« ist gefüllt mit Gürteln, Westen, Jacketts und Stiefeln im Westernstil, seien sie aus Krokodil-, Kalbs-, Elefanten- oder Straußenleder.
Falls Fashion Center
US 1/Southwest 136th Street, Miami

Mayfair Shops in the Grove Im Herzen von Coconut Grove liegt dieses tropische Einkaufszentrum mit seinen Brunnen, Wasserfällen, seinen Restaurants und Nachtclubs und den edlen Boutiquen von Romanoff, Polo/Ralph Lauren, Benetton und Ann Taylor.
Grand Avenue/Mary Street, Coconut Grove

Mayor's Jewellers »Diamonds are a girl's best friend«: wer *ihr* den Freundschaftsdienst erweisen will, der kann es bei Mayor's tun. Es gibt aber auch Rubine, Saphire und Smaragde, sozusagen die zweitbesten Freunde – alles natürlich in Unikatfassungen.
Westland Mall, 103rd Street/Palmetto Expressway, Miami
Miami International Mall, State Road 836/Northwest 107th Avenue, Miami
Omni International Miami, Biscayne Boulevard/16th Street

Miracle Center Nicht nur wegen der Läden, sondern auch wegen der Restaurants und Kinos, aber vor allem wegen der Architektur von Miamis gefeierter Gruppe »Arquitecto-

nica« ist diese Mall ein Erlebnis: High-Tech und High-Style.
3301 Coral Way/Southwest 34th Avenue, Coral Gables
The Mole Hole Außergewöhnliche Geschenke wie Musikboxen, Öllampen, Kaleidoskope und mehr.
The Falls Fashion Center
US 1/Southwest 136th Street, Miami
Omni International Miami Große Mall mit 125 Läden und Boutiquen, zehn Kinos, zwei Warenhäusern und einem Vorteil für Leute ohne Auto: Sie können sich kostenlos am Hotel abholen und wieder zurückbringen lassen.
Biscayne Boulevard/16th Street, Miami
Tel. 374-6664
Rene Multi-Media Hair Salon
Nicht nur ein Friseur, sondern auch eine Boutique und eine Kunstgalerie, in der Sie, während Sie sich ondulieren oder manikuren lassen, Gedichtrezitationen, Modeschauen und Performance-Art-Auftritte genießen können.
4002 Aurora Street, zwischen Ponce de León Boulevard und Le Jeune Road, Coral Gables
Tel. 442-1002
Rome House Klassische italienische Oberbekleidung und Sportbekleidung für den Gentleman.
3082 Grand Avenue, Coconut Grove
Spy Shops International, Inc. Haben Sie Angst, abgehört zu werden, sorgen Sie sich um Ihre Sicherheit oder sind Sie nur verspielt? Hier erhalten Sie Ihre 007-Ausrüstung.
2900 Biscayne Boulevard, Miami
Three Leathery Inc. Wer seine Birkenstock-Schuhe vergessen hat, kann sie (und anderes bequemes Laufwerk) hier nachkaufen.
3460 Main Highway, Coconut Grove
Tropical Surf Shop Alles, aber auch alles für den Strand.
401 Biscayne Boulevard, Miami und 2990 McFarlam Road, Coconut Grove

Valerio Antiques, Inc. Art deco und Art nouveau im Art-deco-geschmückten Geschäft.
Mayfair Shops
Grand Avenue/Mary Street, Coconut Grove

Spaziergänge

Die Amerikaner gehen selten spazieren; es gibt auch wenige Plätze und Straßen, die sich dafür eignen. In Florida kommt die Hitze als Hemmnis hinzu. Gleichwohl laden neben den Stränden und Strandpromenaden ein paar Stellen in Miami zum Spaziergang ein. Die *Calle Ocho in Klein-Havanna* ist eine interessante Strecke, allerdings auch eine vielbefahrene Straße, so daß man die Zeiten des Berufsverkehrs meiden sollte. Man braucht nur irgendwo zwischen Southwest 27th Avenue und dem North-South Expressway anzuhalten – dazwischen ist die Calle Ocho Einbahnstraße in östlicher Richtung – und die Straße entlangzugehen, um das quirlige Leben der Exilkubaner kennenzulernen.

Sehenswert sind die Läden und Restaurants, der kleine Domino Park an der Ecke Southwest 15th Avenue; ein Abstecher in die Seiten- und Parallelstraßen führt sofort in die Wohngebiete, wo Sie besonders abends die Leute vor den Türen sitzen und in den Gärten grillen sehen. Denn die Kubaner sind längst assimiliert und haben die Sitten der Gringos übernommen, auch deren Lieblingsbeschäftigung: das Barbecue.

Auch in der *Coconut Grove* läßt es sich herrlich bummeln. Sie können natürlich nach Belieben durch die französischen, spanischen, holländischen, chinesischen und südafrikanischen Viertel der künstlich angelegten Stadt flanieren. Wenn Sie aber genauer wissen wollen, was Sie sehen, dann gehen sie zum Rathaus (City Hall) am westlichen Ende der Einkaufsstraße Miracle Mile, wo Sie eine Informationsbroschüre erhalten, nach der Sie sich richten können.

Ein besonders schöner Spaziergang führt über *Key Biscayne*: Irgendwo an oder im Cape Florida State Park anhalten. (Der Park ist angeblich nach Einbruch der Dunkelheit geschlossen, aber das kümmert niemanden.) Links zum Atlantik-Strand. Immer südlich bis zum alten Leuchtturm. Auf der Seite zur Bucht von Biscayne wieder nördlich, bis zum Ende des Parks. Von der westlichen Küste aus hat man einen guten Blick auf die Skyline von Miami.

In *Miami Beach* läßt man den Wagen am besten irgendwo nördlich der 5th Street auf der Collins Avenue oder auf dem Ocean Drive stehen. Das Ambiente des frisch renovierten Art-deco-Viertels ist sofort spürbar. In den kleinen Hotels und Pensionen leben noch viele Rentner, die einst den ganzen Stadtteil prägten. Die größeren und besonders die am Strand gelegenen aber sind von schicken jungen Leuten aus der ganzen Welt bevölkert.

Der jüdische Einschlag ist unübersehbar. Manche Restaurants kochen sogar koscher. Schwarzgekleidete Herren mit Löckchen und Käppi sind keine Seltenheit. Junge Schönheiten, die im Bikini vom Strand kommen, um sich einen Imbiß zu holen, auch nicht. Manche Geschäfte wiederum haben Ladenschilder nur in spanischer Sprache. Viele Restaurants preisen Tapas & Mariscos – Vorspeisen und Schalentiere – an. Parallel und quer zur Collins Avenue verlaufen die Hintergassen, wo die Gewaltszenen von »Miami Vice« gedreht wurden.

Nahe der 15th Street geht es links in den Española Way: Man wähnt sich in einer mexikanischen oder südspanischen Kleinstadt. Parallel zur 17th Street und gerade südlich von ihr verläuft die Lincoln Road Mall, eine gute Gelegenheit, wieder nach Osten, also rechts ab zu kommen, um auf der Collins Avenue noch ein kleines Stück des Weges nach Norden zu gehen, entlang dem Art-deco-Hotel-Strip. Das Art-deco-Viertel endet etwa an der 23rd Street. Viele der romantischen Art-deco-Fassaden sind von nautischen Themen geprägt. Stuck, glitzerndes Chrom und abgerundete Ecken erinnern an die Dampfschiffe der dreißiger Jahre, wie auch Fenster und Dekorationen in Bullaugenform. Geschwungene »Augenbrauen« als Baldachine über den Fenstern suggerieren die verschiedenen Decks der Schiffe.

Bereits am frühen Abend finden sich an diesem Teil der Collins Avenue die Drogenhändler – und später auch die leichten Mädchen – ein, die aber zwischen den vielen jungen Leuten auf dem Weg in die Diskos kaum auffallen und ihre Angebote nur den offensichtlich Interessierten machen.

Am Strand kehrt man wieder nach Süden zurück bis etwa zur Höhe der 15th Street. Dort beginnt wieder der Ocean Drive mit seinen Bars und Restaurants, von denen das »Stuarts« im renovierten Cardozo Hotel eines der schönsten ist. Wer vom Cardozo Hotel oder einem anderen Stop am Ocean Drive noch weiterlaufen will, der wird am Abend die Promenade durch den Lummus Park angenehm kühl finden.

Es gibt Führungen – zu Fuß – durch das Art-deco-Viertel. Wer ohne sie auskommen und die wichtigsten Stätten trotzdem nicht verpassen will, sollte entlang der Route auf der Collins Avenue die Hotels Marseille, Ritz Plaza, National, Delano, St. Moritz, Poinciana und Royals Palm nicht verpassen. Das futuristische Plymouth Hotel auf der 21st Street ist ein absolutes Muß, die Fenster mit Motiven aus der Seefahrt und die Neonbeleuchtung des Hotels Neron an der nahen Drexel Avenue ebenso.

Casa Juancho Spanisch mit riesiger Auswahl, darunter Tapas, Kaninchen in Knoblauchsauce, Tintenfisch vom Grill und galizischer Kuchen. Im Stil einer spanischen Bodega ausgestattet und mit Barden, gekleidet wie im 14. Jh.
2436 Southwest 8th Street, Miami
Tel. 642-2452
1. Kategorie

Cervantes Paella, auch schwarze, mit Tinte vom Tintenfisch gefärbte, Baby-Aale und mit Krabbenfleisch gefüllter Snapper sind die Spezialitäten dieses Restaurants.
2121 Ponce de León Boulevard, Coral Gables
Tel. 446-8636
1. Kategorie

Chef Allen's Ein neues, ganz im rosa-schwarzen Art-deco-Stil gehaltenes Restaurant mit moderner amerikanischer Küche. Allen war Chefkoch in Paris und hat von dort die Angewohnheit mitgebracht, alles täglich frisch auf den einheimischen Märkten einzukaufen. Mit Weinbar, einsehbarer Küche und einem aus Lyon importierten Holzgrill – eines der besten Restaurants Floridas.
19088 Northeast 29th Avenue, North Miami Beach
Tel. 935-2900
Luxuskategorie

Christine Lee's Gaslight Klassische Sezuan-, Hunan- und kantonesische Gerichte, aber auch die besten Steaks in Strandnähe in diesem nicht sehr chinesischen Chinarestaurant.
18401 Collins Av., Miami Beach
Tel. 932-1145
1. Kategorie

Christy's Klassisch amerikanisch, das heißt: Cäsar-Salat, Riesenrippchen, Steaks, Lammkoteletts, Huhn und Hummer. Wer warten muß, bekommt Wein und Käse auf Kosten des Hauses serviert.
3101 Ponce de León Boulevard, Coral Gables
Tel. 446-1400
1. Kategorie

Csarda Die Donaumonarchie lebt wieder auf und Graf Dracula gleich dazu, etwa beim »Transsylvanian Flaming Wooden Plate«, von dessen Ente, Wiener Schnitzel, gestopftem Huhn und Filetsteak eigentlich vier Leute satt werden könnten. Jakkett empfohlen.
13885 Biscayne Boulevard, North Miami Beach
Tel. 940-1095
2. Kategorie

Daphne's Große Portionen dessen, was die Amerikaner »continental« nennen, dem einheimischen Geschmack angepaßt. Gute Lage im Hotel für jene, die in der Nähe des Flughafens bleiben wollen.
Sheraton Riverhouse
3900 Northwest 21st Street, Miami
Tel. 871-3800
1. Kategorie

East Coast Fisheries In erster Linie ein Fischgroßhandel und nur in zweiter ein Restaurant. Einfachste Ausstattung, aber der frischeste Fisch.
360 West Flagler Street, Miami
Tel. 373-5516
3. Kategorie

Le Festival Hier wird französisch-förmlich und stilvoll serviert, die Weinliste ist ausgezeichnet. Wirklich ein Fest: der Florida-Hummer en croûte.
2120 Salzedo Street, Coral Gables
Tel. 442-8545
1. Kategorie

Fleming Fischsuppe, Seezungen und Krabben, alles wie in Dänemark.
8511 Southwest 136th Street, Miami
Tel. 232-6444
2. Kategorie

El Floridita Fisch, kubanisches Essen und einen gefrorenen Daiquirie, den schon Hemingway genossen haben soll.
145 East Flagler Street, Miami
Tel. 358-1556
3. Kategorie

Miami

Gatti Italienisches, seit 1925 von der Gatti-Familie geführtes und damit ältestes Restaurant am Strand mit Tagesspezialitäten: Hühnchen am Sonntag, Ossobuco am Dienstag, Lamm am Mittwoch, Ochsenschwanz am Donnerstag, Garnelen am Freitag.
1427 West Avenue, Miami Beach
Tel. 673-1717
1. Kategorie

Grand Café Ebenso angenehm für die Augen wie das Hotel, in dem es liegt, ist dieses Restaurant mit stark französisch geprägter Küche. Besonders gut sind die Hummer Bisque und die Krabbensuppe.
Grand Bay Hotel
2669 South Bayshore Drive, Coconut Grove
Tel. 858-9600
1. Kategorie

Granny Feelgood's Restaurant Vegetarier kommen auch in Florida auf ihre Kosten: Tofu, Soja-Pfannkuchen, Karottensaft und alles, was der Tierfreund liebt.
555 Northeast 15th Street, Miami
Tel. 371-2085
3. Kategorie

Hy-Vong Vietnamese Cuisine Eines der wenigen vietnamesischen Restaurants in Miami, das sich hinter einer kleinen Ladenfront ausgerechnet zwischen den kubanischen Neoninschriften der Calle Ocho versteckt. Sehr voll, sehr günstig, mit schönen Frühlingsrollen und vielen mit Kokosnußmilch oder Zitronengras zubereiteten Gerichten.
3458 Southwest 8th Street, Little Havana
Tel. 446-3674
3. Kategorie

Joe's Seafood Der Name sagt's: Grouper (Barsch), Makrelen, Schwertfisch und Snapper; direkt am Miami River mit Blick auf die Bootsanleger.
400 Northwest North River Drive, Miami
Tel. 374-5637
2. Kategorie

Joe's Stone Crab Krebse, Fische und Schaltiere – in einem der ältesten Restaurants von Miami Beach, das so beliebt ist, daß oft lange Warteschlangen bilden. Schön gelegen an der südlichen Spitze von Miami Beach. Im Sommer geschlossen.
227 Biscayne Street, Miami Beach
Tel. 673-0365
1. Kategorie

Laurenzo's Ristorante Das Gebäude von einem modernen Zauberkünstler der Architektur, die Speisen von gediegener Tradition und hoher Qualität. Tip: Venusmuscheln mit Oregano.
2255 Northeast 164th Street, North Miami Beach
Tel. 948-8008
1. Kategorie

Lila's Steaks so groß wie Wagenräder und Berge von Pommes, Mitte 1989 noch zum Preis von 4,75 Dollar.
8518 Southwest 24th Street, Miami
Tel. 553-6061
3. Kategorie

Malaga Asturien, das Baskenland, Kastilien und Katalonien prägen die Gerichte dieser kubanischen Gaststätte – die Gäste sind überwiegend englischsprachige Amerikaner.
740 Southwest 8th Street, Little Havana
Tel. 858-4224
2. Kategorie

Max's Place Ein Café-Restaurant im Los-Angeles-Stil mit neuer amerikanischer Küche. Also: Entenravioli mit sonnengetrockneten Tomaten oder mit Oliven gefüllte Hühnerbrust. Kalifornische Weine, auch im Ausschank.
2286 Northeast 123rd Street, North Miami
Tel. 893-6888
1. Kategorie

El Meson Castellano Beginnen Sie mit dem traditionellen Früchtecocktail aus Apfel, Papaya, Mango, Orange, Melone und Honig, gehen Sie über zum Cocido madrileno

Hochhäuser auf schmalem Grund – Miami Beach von oben

(Suppe aus Kichererbsen, spanischer Wurst, Schinken, Huhn, Rind und Kohl) und enden Sie mit Brazo gitano (Kuchen mit Eischnee), dann wissen Sie, wie sich Kubaner das Essen in Spanien vorstellen.
2395 Northwest 7th Street, Miami
Tel. 642-4087
2. Kategorie
New York Steak House Hier gibt es Steak, Salat und Kartoffeln, wie in New York. Und, ebenfalls wie dort, Fotos und Karikaturen von den Stars und Sternchen an den Wänden.
17985 Biscayne Boulevard, North Miami Beach
Tel. 932-7676
1. Kategorie
Paulines Wer Jamaika kennt, wird sich bei Paulines wieder auf die Tropeninsel versetzt fühlen. Curries aller Art, Erbsen und Reis, Kabeljau – alles scharf und exotisch zubereitet.
Florida 441 Shopping Plaza
20739 Northwest Second Avenue, Miami
Tel. 653-6770
3. Kategorie
Pavilion Grill Amerikanische Küche, aber oho. Kaktus aus Texas, Wildkaninchen aus Wyoming, Lachs aus Washington, Ziegenkäse aus Kalifornien, Fasan aus den Carolinas – das Beste, was die fünfzig Staaten zu bieten haben. Exquisit eingerichtet. Der Pavilion Grill ist ein Beweis, daß auch die Amerikaner ihre eigene hohe Küche haben. Jackettzwang, Krawatte empfohlen.
Hotel Intercontinental Miami
100 Chopin Plaza
Tel. 577-1000
Luxuskategorie
Ristorante Piero Eines der besten Restaurants der Gegend, ultraschick und entsprechend teuer. Selbst Nudeln, wie Agnolotti mangiami oder Pennette all'amatriciana strapazieren die Geldbörse, das Kalbsfilet Capriccio di billante erst recht.
1111 Kane Concourse, Bay Harbor Island
Tel. 868-6666
Juli–Ende Sept. geschl.
Luxuskategorie
El Segundo Viajante Chateaubriand oder »Surf and Turf« (Hummer und Filet mignon), spanische Bohnensuppe oder katalanische Garnelen – und das ganz nahe der Pferderennbahn in Hialeah Park.
2846 Palm Avenue, Hialeah
Tel. 888-5465
2. Kategorie

Señor Frog Quak, quak – und grün ist es auch noch, dieses mexikanische Restaurant in Coconut Grove. Vor den übermalten Fotos mexikanischer Revolutionshelden oder draußen auf dem schattigen Patio können Sie Enchiladas, Tortillas und Taupeño-Suppe genießen.
3008 Grand Avenue, Coconut Grove
Tel. 448-0999
3. Kategorie

Shorty's Barbecue Vom Holzkohlengrill die großen Fleischportionen, die eigentlich ungesund sind, aber nach denen man halt manchmal ein Verlangen hat.
9200 South Dixie Highway, South Miami
Tel. 665-5732
3. Kategorie

Soren's Cafe »Continental« mit dänischem Einschlag. Täglich wechselnde Suppen, frischer Fisch vom Tage »en papillote«, viele »Specials« und natürlich Kalbfleisch mit Kohlrouladen.
2570 Miami Gardens Drive, North Miami Beach
Tel. 932-6061
1. Kategorie

Tony Roma's Ein echter Amerikaner liebt, was man hier serviert: würzige Rippchen vom Barbecue und große Ladungen frittierter Zwiebelringe.
15700 Biscayne Boulevard, Miami
Tel. 949-2214
3. Kategorie

Il Tulipano Bei diesem für amerikanische Verhältnisse kleinen Italiener – nur 60 Plätze – finden Sie all die Pasta, die Sie mögen: Ravioli, Crespelle usw.
11052 Biscayne Boulevard, North Miami
Tel. 893-4811
2. Kategorie

Versailles Nicht ganz so viele Spiegel wie in dem Königsschloß bei Paris, aber trotzdem ein sehenswertes Restaurant, wo jeder, der in Klein-Havanna wer ist, was ißt. Während des Wahlkampfes hat sogar der Gouverneur von Florida dort demonstrativ gearbeitet.
3555 Southwest 8th Street, Little Havana
Tel. 445-7614
2. Kategorie

Victor's Das Restaurant der Brüder Hans und René Eichmann aus Zürich bietet nicht nur europäische Atmosphäre, sondern auch einen der besten Weinkeller in Florida. Montag: Gourmet Night.
115 Alhambra Circle, Coral Gables
Tel. 445-2511
1. Kategorie

Hotels

Alexander Hotel Nur Suiten, 200 m Strand, zwei Pools, beleuchtete Tennisplätze, Cocktaillounge über einem Wasserfall, Gartenterrasse fürs Frühstück.
5525 Collins Avenue, Miami Beach
Tel. 865-6500, kostenlos 800-327-6121
Luxuskategorie

Ankara Einfach, Pool, Strandnähe.
2360 Collins Avenue, Miami Beach
Tel. 538-1951
3. Kategorie

Beachabour Schöne Gärten, Terrassen, Blick auf Strand und Meer, Privatstrand, Olympiabecken.
189th St./Collins Av., Sunny Isles
Tel. 931-8999, kostenlos 800-327-2042
2. Kategorie

Beach Motel Nicht weit vom Strand, alle Zimmer mit Küche und Dusche, Pool.
8601 Harding Av., Miami Beach
Tel. 861-2001
3. Kategorie

Biltmore Hotel Riesig, schön, früher Hotel der Filmstars, heute ein Denkmal. Golf, Tennis, Pool.
1200 Anastasia Av., Coral Gables
Tel. 445-1926, kostenlos 800-445-2586
Luxuskategorie

Cardozo Hotel Renoviert und modernisiert ohne das Art deco zu zerstören. Über die Straße zum öffentlichen Strand.
1300 Ocean Drive, Miami Beach
Tel. 534-2135
2. Kategorie

Château by the Sea Nicht weit zum Strand, Zimmer mit Balkons zum Garten, Restaurant, Pool.
19115 Collins Avenue, Miami Beach
Tel. 931-8800
2. Kategorie

Coconut Grove Hotel Zimmer mit Spiegel an der Decke und Felldekken für Swinger. Tennis, Sauna, Pool.
2649 South Bayshore Drive, Coconut Grove
Tel. 858-2500, kostenlos 800-327-8771
1. Kategorie

Coconut Grove Mutiny in Sailboat Bay Afrikanische Zimmer, High-Tech-Zimmer, muschelförmige Riesenbadewannen, Frühstück.
2951 South Bayshore Drive, Coconut Grove
Tel. 442-2400, kostenlos 800-327-0372
1. Kategorie

David William Hotel Kristall- und Marmor-Eingangshalle, überdachter Pool, Sauna, Fitneßcenter, Massage, manche Zimmer mit eigener Terrasse, zwei Restaurants.
700 Biltmore Way, Coral Gables
Tel. 445-7821, kostenlos 800-327-8770
2. Kategorie

Desert Inn Planwagen und Pferde vor der Tür, weil es wie ein Wüstenmotel aussehen soll.
17201 Collins Avenue, Miami Beach
Tel. 947-0621
3. Kategorie

Doral Hotel-on-the-Ocean und **Doral Hotel and Country Club** Wer in einem der beiden Schwesterhotels wohnt, kann auch die Leistungen des anderen beanspruchen: Golf, Tennis, Strand, Segeln, Wasserski, Windsurfing, Tauchen. Zimmer mit separater Ankleidekammer, tagsüber Transport von einem zum anderen Hotel.
– Doral Hotel-on-the-Ocean
4833 Collins Avenue, Miami Beach
Tel. 532-3600
– Doral Hotel and Country Club
4400 Northwest 87th Avenue, Miami
Tel. 592-2000
Beide Luxuskategorie

Eden Roc Americana Seit über dreißig Jahren eines der führenden Hotels in Miami Beach, Zimmer mit Bädern voller Marmor und Spiegel.
4525 Collins Avenue, Miami Beach
Tel. 531-0000
Luxuskategorie

Fontainebleau Hilton Eines der besten Großhotels der Welt, ausgestattet mit allem, was der Gast begehren mag. 1 km Strandfront.
4441 Collins Avenue, Miami Beach
Tel. 538-2000, kostenlos 800-HILTONS
Luxuskategorie

Grand Bay Hotel Wer gesehen werden will, kommt hierher. Trotzdem sehr diskret, man muß nicht einmal zur Rezeption, sondern wird vom Concierge in Empfang genommen. Elegant, amüsant und teuer.
2669 South Bayshore Drive, Coconut Grove
Tel. 858-9600, kostenlos 800-327-6372
Luxuskategorie

Grove Isle Schöner geht's nicht: 50 orientalisch eingerichtete Zimmer, Skulpturen von Liebermann, Calder und Miró. Auf der Insel gibt es sonst nur noch einen Privatclub mit demselben Namen.
4 Grove Isle Drive, Coconut Grove
Tel. 858-8300
Luxuskategorie

Hawaiian Isle Bambus und Strohmatten, Unterhaltung – alles wie auf Hawaii. Disko im Haus.
17601 Collins Avenue, Miami Beach

Tel. 932-2121, kostenlos 800-5275
3. Kategorie
Hotel Intercontinental Elegantes, modernes Innenstadthotel, exzellentes Restaurant.
100 Chopin Plaza, Miami
Tel. 577-1000
1. Kategorie
Hotel Place St. Michel Kleines, charmantes, Etablissement, schön renoviert mit viel Stuck und spanischen Kacheln.
162 Alcazar Avenue, Coral Gables
Tel. 444-1666
2. Kategorie
Key Biscayne Hotel and Villas Elegantes, älteres Hotel mit zweistöckigen Bungalows am Meer. Die Bungalows sind recht teuer.
701 Ocean Drive, Key Biscayne
Tel. 361-5431
1. Kategorie
Larry Paskow's Harbor Island Spa Ein Badehotel mit allem, was für Diät, Gesundheit und Schönheit notwendig ist: Yoga, Massagen, Dampfbad, Sauna, Mineralbad.
7900 Larry Paskow Way, North Bay Village
Tel. 751-7561, kostenlos 800-SPA-SLIM
Luxuskategorie
Marco Polo Hotel mit polynesischem Restaurant, das einen leicht maurischen Anstrich hat. Swimmingpool, Tennis, Freilichtbar.
19201 Collins Av., Miami Beach
Tel. 932-2233, kostenlos 800-327-6363
2. Kategorie
Mayfair House Luxushotel mit europäischem Stil in der Coconut Grove Shopping Mall. Nur individuell ausgestaltete Suiten, alle mit Balkons zur Straße. Jede Suite hat entweder ein japanisches Bad auf dem Balkon oder ein Dampfbad im Badezimmer.
3000 Florida Avenue, Coconut Grove
Tel. 441-0000, kostenlos 800-433-4555
Luxuskategorie

Newport Riesiges Hotel, mit riesigen Betten und riesigem Blick auf das Meer und einem der beliebtesten Nachtclubs der Stadt.
16701 Collins Av., Miami Beach
Tel. 949-1300, kostenlos 800-327-5476
1. Kategorie
Ocean Roc Große Zimmer mit je zwei Doppelbetten, Balkons, Pool und Strand.
19505 Collins Av., Miami Beach
Tel. 931-7600, kostenlos 800-327-0553
3. Kategorie
Sans Souci und **Versailles** Zwei Schwesterhotels am Strand. Wer in einem wohnt, kann auch die Einrichtungen des anderen nutzen: Bars, Nachtclubs, viel Unterhaltung.
– Sans Souci
3101 Collins Avenue
Tel. 531-8261
1. Kategorie
– Versailles
3425 Collins Avenue
Tel. 531-6092
2. Kategorie
Serv-Ur-Self Miami Airways Motor Lodge Da Selbstbedienung (Seife, Handtücher und Gläser müssen abgeholt und zurückgebracht werden) extrem günstig. Mit Pool.
5001 Northwest 36th Street, Miami Springs
Tel. 803-4700
3. Kategorie
Sheraton Mehrere Hotels. Zwei davon sind das *River House* nahe dem Flughafen mit Blick auf den Miami River und das *Royal Biscayne* am Strand von Key Biscayne (sehr ruhig).
– Sheraton River House
3900 Northwest 21st Street, Miami
Tel. 871-3800
1. Kategorie
– Sheraton Royal Biscayne
555 Ocean Drive, Key Biscayne
Tel. 361-5775, kostenlos 800-325-3535 (für beide)
1. Kategorie

Miami

Silver Sands Oceanfront Motel
Kleines, gleichwohl nicht preiswertes Motel am Strand von Key Biscayne.
301 Ocean Drive, Key Biscayne
Tel. 361-5441
1. Kategorie

Singapore Resort Motel Langgestrecktes Motel am Strand von Miami Beach, zwei Pools, viele Läden. Manche Zimmer mit Küche.
9601 Collins Avenue, Miami Beach
Tel. 865-9931
2. Kategorie

Sonesta Beach Hotel and Tennis Club Superluxus mit allen erdenklichen Sportmöglichkeiten am Strand von Key Biscayne. Auch Bungalows.
350 Ocean Drive, Key Biscayne
Tel. 361-2021, kostenlos 800-343-7170 Luxuskategorie

Waikiki Ein Hotel mit drei Swimmingpools, einem Restaurant und einer Cocktaillounge. Jeden Abend gibt es Filme oder Bingo. Manche Zimmer haben eine eigene Küche.
18801 Collins Avenue, Miami Beach, Tel. 931-8600, kostenlos 800-327-6363
2. Kategorie

Am Abend

Alcazaba Lounge Legendäre Tanzlounge. Zum Champagner werden Tapas gereicht. Jackettzwang.
Hyatt Regency Coral Gables
50 Alhambra Plaza, Coral Gables
Tel. 441-1234

Ballet Flamenco La Rosa Spanisches Tanzensemble, das Flamenco mit anderen Tänzen verbindet.
The Colony Theater
1040 Lincoln Road, Miami Beach
Tel. 444-8228

Bay View Lounge Tanz in intimer Atmosphäre mit schönem Blick auf die Bucht von Biscayne.
Dupont Plaza Hotel
300 Biscayne Boulevard Way, Miami, Tel. 358-2541

Biscayne Baby Rock'n'Roll, Tanzdinner, Discjockeys und Auftritte von Größen wie Chubby Checkers oder Johnny Rivers.
3336 Virginia St., Coconut Grove
Tel. 445-3752

The Broadway Series Broadway-Ensembles auf Tour machen im Jakkie Gleason Theater of the Performing Arts halt.
1700 Washington Av., Miami Beach, Tel. 673-8300

Vier lange Nächte in Miami

Quirlig in Downtown Miami
Im »Bayside Marketplace« (S. 54, Brickle/Downtown) können Sie nach tropischen Cocktails einen kleinen Imbiß in einem der vielen Restaurants nehmen, bevor Sie den Abend im »Les Violins« (S. 66) ausklingen lassen.

Open Air in Miami Beach
Nach den Drinks in der Freiluftbar »Clevelander Poolside Bar« (S. 50) Essen auf der Terrasse des »Cardozo Hotels« (S. 62), dann zum Tanzen in die Strand-Disco »Woody's on the Beach« (S. 66).

Romantisch in Key Biscayne
Nach Drinks an der Poolbar des »Sheraton Royal Hotels« (S. 63) Abendessen in dessen »Caribbean Room«; auf der Rückfahrt halten Sie am Rickenbacker Causeway und genießen den Blick auf die Skyline Miamis.

Stilvoll in Miami Beach
Cocktails in der Lobby Lounge des »Intercontinental« (S. 63) folgt das Dinner im »Casa Juancho« (S. 58) in Klein Havanna; nach 23 Uhr geht's in die heißeste Disco Miamis, »Club Nu« (S. 65).

Miami

Cherry's Lounge Go-Go-Bar mit, wie man sagt, »Adult Entertainment«, heißt: Striptease.
14670 West Dixie Highway, North Miami
Tel. 944-2221

Club Bennett's Disco mit den Hits der fünfziger, sechziger und siebziger Jahre.
Marco Polo Hotel
19201 Collins Avenue, Miami Beach
Tel. 932-2233

Club Mystique Disco mit Blick auf einen See. Kostenlose Hors d'œuvres Dienstag bis Freitag zur »Happy Hour« zwischen 17 und 19 Uhr.
Miami Airport Hilton
5101 Blue Lagoon Drive
Tel. 262-1000

Club Nu Die heißeste Disco in der Stadt mit ständig wechselndem Dekor. Lange Warteschlangen am Eingang.
245 22nd Street, Miami Beach
Tel. 672-0068

Coconut Grove Playhouse Floridas größtes Regionaltheater mit Musicals und Dramen von Oktober bis Juni.
3500 Main Highway, Coconut Grove
Tel. 442-4000

Coconuts Comedy Club Live-Auftritte von Amerikas besten Komikern. Wöchentlich wechselnde Shows.
Howard Johnson Hotel
16500 Northwest 2nd Avenue, North Miami Beach
Tel. 948-Nuts

Deco's Nightclub Jazz von der 13köpfigen Band des eleganten Nachtclubs im Art-deco-Stil.
1235 Washington Avenue, Miami Beach
Tel. 531-1235

Desire Komfortabler und romantischer Tanzclub für reifere Menschen.
Sonesta Beach Hotel
350 Ocean Drive, Key Biscayne
Tel. 531-1235

Facade Nightclub High-Tech-Disko auf zwei Etagen mit zehnköpfiger Band und aufwendiger Lichtschau.
3509 Northeast 163rd Street, North Miami Beach
Tel. 948-6868

Greater Miami Opera Klassische Oper mit Gastauftritten der gefeiertsten Sänger der Welt.
Dade County Auditorium
2901 West Flagler Street, Miami
Tel. 854-1643

Hirschfeld Theater Musicals, direkt vom New Yorker Broadway importiert.
Clarion Castle Hotel
5445 Collins Avenue, Miami Beach
Tel. 865-7529

Miami City Ballet Unter der künstlerischen Leitung von Edward Villella hat sich das Stadtballett zu einem Haus von Weltrang entwickelt.
Gusman Center for the Performing Arts
174 East Flagler Street, Miami
Tel. 532-7713

Miami Ice Follies Glamouröse Revue à la Las Vegas.
Marco Polo Hotel, 19201 Collins Avenue, Miami Beach
Tel. 932-2233

New Chevy's on the Beach Heiße neue Disco, aber mit Musik der fünfziger und sechziger Jahre, Neon-Nostalgie und alten Autos.
Quality Inn Surfside
8701 Collins Avenue, Surfside
Tel. 868-1950

The Philharmonic Orchestra of Florida Klassisches Symphonieorchester, manchmal aber auch Popmusikkonzerte.
Gusman Center for the Performing Arts
174 East Flagler Street, Miami
Tel. 945-5180

Savannah Moon Restaurant Jazz, Dixieland und Big Band vertiefen den Genuß regionaler amerikanischer Küche.
13505 South Dixie Highway, Greater Miami South
Tel. 238-8868

Seven Seas Exotische Dinnershow im Südseeinsel-Rahmen.
Holiday Inn Newport Pier Resort
16701 Collins Avenue, Sunny Isles
Tel. 949-1300
Tobacco Road Bar & Restaurant
Miamis älteste Bar, Restaurant, Kabarett. Live Musik – viel Blues. Tobacco Road ist einer der führenden Blues Clubs des Landes.
626 South Miami Avenue, Miami
Tel. 374-1198
Les Violins Supper Club Spektakuläre Shows zum Dinner in einem der ältesten Nachtclubs von Miami. Jakkettzwang.
1751 Biscayne Boulevard, Miami
Tel. 371-8668
Woody's on the Beach Auftritte guter Rockgruppen, denn Woody's ist das Musiklokal des Rolling-Stones-Musikers Ron Wood, der hier gelegentlich selber auf die Bühne steigt.
455 Ocean Drive, Miami Beach
Tel. 534-1744

Service
Auskunft
Fremdenverkehrsbüro
The Greater Miami Convention & Visitors Bureau
701 Brickell Avenue
Suite 2700, Miami 33131
Tel. 539-3040
Fisch- und Jagdlizenzen
Für Süßwasserfischen und für die Jagd erteilt das Tax Collector's Office Besuchern Lizenzen für zehn Tage gegen $ 11,50.
Tax Collector's Office
140 West Flagler Street, Miami
Tel. 375-5820
Hotelreservierung
Central Reservation Service. Kostenloser Reservierungsservice rund um die Uhr für alle Hotels im Großraum Miami.
7001 Southwest 97th Avenue, Miami
Tel. 274-6832, kostenlos 800-548-3311

Notrufe
Feuer, Krankenwagen und Polizei: Tel. 911 und 0 (Operator)
Ärzte: Dade County Medical Association
Tel. 324-8717
Polizei: Tel. 595-6263
Zahnärzte: Dental Society, Tel. 667-3647
Stadtrundfahrten
Offene Trolley Cars fahren vom Bayside Marketplace alle halbe Stunde nach Miami und Miami Beach. 13111 für Erwachsene, $ 4 für Kinder von 3–15 Jahren.
401 Biscayne Boulevard, Miami
Tel. 374-8687
Taxi
Taxis halten auf Handzeichen. Portiers der Hotels und Restaurants rufen sie auch. Tarif $ 1,20 pro Meile.
Metro Taxi
1995 Northeast 142nd Street, North Miami, Tel. 888-8888
Telefonvorwahl Area Code 305 (südliche Ostküste)

Ziel in der Umgebung
Bal Harbor Nur zehn Autominuten nördlich von Miami Beach liegt das »Dorf« Bal Harbor, Symbol von Reichtum und Prestige, einer der tonangebenden Jet-set-Orte im südlichen Florida. Einst ein Trainingslager der US-Truppen, ist Bal Harbor heute ein Treffpunkt der Reichen und Schönen, mit modernen Hotels und Eigentumswohnungen direkt am gartenartig bepflanzten Strand. Hier bereitet man sich schon am Nachmittag mit Schönheitsbehandlungen auf den Abend vor. Die Bühne für die Selbstdarstellung sind die *Bal Harbor Shops* mit ihren Restaurants, Cafés, Kunstgalerien, Antiquitätengeschäften und der Revue à la Las Vegas im *Sheraton Hotel*.
Bel Harbor Shops
9700 Collins Avenue
Sheraton Bel Harbor
9701 Collins Avenue, Bal Harbor
Tel. 865-7511

Orlando und Zentralflorida

Zypressenbestandene Sümpfe gibt es noch, Orangenhaine auch. Richtige Fische schwimmen in echten Seen. Wilde Krokodile faulenzen in brackigen Gewässern. Aber ein Tier beten alle an, die Mickey Mouse. Denn das *Disneyland* bei Orlando hat die Stadt zu einer der schnellstwachsenden Amerikas gemacht. Und Disneyland nennt sich: Walt Disney World Vacation Kingdom. Das Königreich ist eine eigenständige Gemeinde mit Stadtrechten, eigener Polizei, dem ersten vollelektronischen Telefonnetz der Welt und einer Marine von vierhundert Schiffen, darunter U-Boote, Raddampfer und Schwanenboote. Offiziell heißt die Gemeinde Reedy Creek Im-

provement District. Sie ist doppelt so groß wie Manhattan und verfügt über eine moderne Einschienenbahn. »Improvement« – die Verbesserung bestand im Bau des Märchenlandes Magic Kingdom mit seinen sechs verschiedenen »Themenländern«, des Zukunftslandes Epcot Center mit dem »Raumschiff Erde«, dessen über fünfzig Meter hohe Aluminiumkugel zum Erkennungszeichen der Anlage wurde, und der »Lebenden See« sowie des Filmlandes Disney-MGM Studio Park, wo jeder einmal Star sein oder auch nur eine kleine Nebenrolle einnehmen kann.

Ein Drittel der Fläche der Disney-Welt ist Naturschutzgebiet. Einst entfernten die Disney-Arbeiter sogar die gefallenen Baumstämme in Reedy Creek. Als sie aber sahen, daß sie somit den Schildkröten ihren Lebensraum nahmen, legten sie das faulende Holz wieder zurück. Im Königreich sind Plakatwände verboten, würden mehr Gemeinden diesem Beispiel folgen, wäre Amerika schöner. Für das Epcot (*E*xperimental *P*rototype *C*ommunity *o*f *T*omorrow) Center wurden 250 000 Büsche und 12 000 ausgewachsene Bäume aus so fernen Ländern wie Nepal herangeschafft. Im neuen Disney-MGM Studio Park kann man im künstlichen Monsunregen eine Seeschlacht erleben.

Jeder in Orlando profitiert von dem Wunderland. Einst war es nur die verschlafene Zentrale der Zitrusfarmer, heute schießen Gebäude an jeder Ecke hoch. Orlando hat 70 000 Hotelzimmer, mehr sind nur in New York und Los Angeles zu finden. An ein paar Stellen sieht man noch die Struktur der alten Stadt mit ihren von Eichen und Pinien gesäumten breiten Boulevards.

Aber Schein ist hier Sein, außer dem Disneyland gibt es das neue Konkurrenzunternehmen *Universal Studios Florida*, ferner die *Sea World*, wo Pinguine tanzen und sich Killerwale auf Kommando putzen, die *Circus World*, wo jeder seinen Kindheitstraum – zum Zirkus zu gehen – erfüllen kann, das *Wet'n'Wild* mit einer fast 150 Meter langen Rutschbahn und einem Luftgebläse, das schmerzlose Bauchklatscher erlaubt, weil es das Wasser zu Schaum macht.

Echt wiederum sind die Kissimmee Cowboys, die auf rund zweihundert Farmen die Rinder hüten. Auf den Hügeln von Ocala, nordwestlich, grasen Vollblüter. Nur in Kalifornien und Kentucky werden mehr Pferde gezüchtet als in Florida. Im Herbst werden sie eingeritten, man muß nur von dem Highway US 301 zu einer der vielen Farmen abfahren, um das Spektakel mitzuerleben. Zentralflorida ist auch eine Seen- und Flußlandschaft mit vielen Stellen zum Angeln, Baden und Kanufahren. Und im *Ocala National Forest*, der eine Fläche von über 1500 Quadratkilometern einnimmt, darf man Rehe und Bären jagen. Am Rande dieses Naturschutzparks mit seinen subtropischen Bäumen liegt der Ort Ocala, der um das 1827 errichtete Fort King entstand.

Orlando und Zentralflorida

Zu Zentralflorida zählt auch die Raketenabschußbasis *Kennedy Space Center* am Cape Canaveral, eine knappe Autostunde östlich von Orlando gelegen. Der Start einer Raumfähre ist wirklich aufregend, ihn aus der Nähe mitzuerleben erfordert allerdings mitunter viel Geduld.

Sehenswertes
Disney World Ein Besuch des Wunderlandes erfordert: viel Zeit, komfortable Schuhe, guten Sonnenschutz, eine ausgeklügelte Strategie und ein gutgefülltes Portemonnaie. Wer alle drei Parks sehen will, muß drei Tage einplanen. Höhepunkte: Im *Disney-MGM Studio Park*: »The Great Movie Ride«, der zwischen schießenden Gangstern entlang der Yellow Brick Road führt; in der »SuperStar Television« werden Besucher zu Co-Stars in Filmklassikern gemacht; die »Backstage Studio Tour« fährt in einer Trambahn hinter die Kulissen, unter anderem von New York; ein riesiger Ball jagt die Stuntmen im »Epic Stunt Spectacular«, die zudem in brennenden Autos verunglücken, Schwertkämpfe austragen und vom dritten Stock springen. Wollen Sie mal Tonmischer sein, in der »Monster Sound Show« dürfen sie es; Hollywood, wie es in den dreißiger und vierziger Jahren war, erleben Sie auf dem Hollywood Boulevard; wie der Zeichentrick entsteht, lernen Sie im Animation Building.
Im *Magic Kingdom*: Hinter dem Cinderella-Schloß, die Main Street USA, Amerika zur Jahrhundertwende; Adventureland, wo Ihr Boot von Piraten überfallen wird; Frontierland, der Wilde Westen; Liberty Square, lebensgroße Figuren – die Führer der Vereinigten Staaten – stehen auf und reden mit Ihnen; Fantasy Land, Dumbo, Mickey und die anderen Tiere führen die Minnie-Mouse-Revue auf; Tomorrowland, in der Berg- und Tal-Bahn über den Space Mountain; River Country, Strand, Tarzanseile, Wasserfälle und Stromschnellen – viel Spaß beim Baden; Discovery Island, eine Insel, auf der fünfhundert Vögel nisten, Galapagosschildkröten leben und exotische Blumen blühen.
Im *Epcot Center*: Future World, die Welt der Zukunft, aber auch der Vergangenheit und der Phantasie; World Showcase, neun Nationen zeigen sich von ihrer romantischsten Seite.
Früh aufzustehen ist von Vorteil, im Sommer aber sind die Parks bis Mitternacht geöffnet, und gegen 22 Uhr werden die Warteschlangen immer kürzer. Eigenartigerweise sind oft Montag, Dienstag und Mittwoch die vollsten Tage.
Zwischen den Parkplätzen und Kartenverkaufsstellen verkehren Trambahnen. Die kostenlosen Karten, die nahe den Eingängen zu haben sind, helfen sehr, die Orientierung zu behalten.
Die Parks sind über die Autobahn A 4 zu erreichen, von dort führen Schilder zu den Parkplätzen. Es gibt Hotels und einen Campingplatz innerhalb des Geländes, Buchungen über Disney's Central Reservation Office.
Tel. (407) 934-7639
Auskünfte erteilen Guest Relations Tel. 824-4500 und Information Tel. 824-4321
Eintritt: Tageskarten für jeweils nur einen der drei Parks $ 29, Kinder von 3–10 Jahren $ 23, unter 3 Jahren frei; Vier-Tage-Paß für alle drei Parks $ 97, Kinder $ 77; Fünf-Tage-Paß $ 112, Kinder $ 90
River Country und Discovery Island kosten extra: River Country $ 11,75, Kinder $ 9,25; Discovery Island $ 7,50, Kinder $ 4; auf jede Karte werden noch sechs Prozent Verkaufssteuern aufgeschlagen.

Orlando und Zentralflorida

Orlando und Zentralflorida

John F. Kennedy Space Center
Über die County Road 528 gelangt man schnell von Orlando zum 71 km entfernten Raumfahrtbahnhof am Cape Canaveral. Am *Visitor Center*, wo auch Mondgestein, Raumkapseln und Raketen ausgestellt werden, starten alle paar Minuten Busse zur Führung durch das Gelände. Die Rote Tour erlaubt Besichtigungen der Einrichtungen für das Mondlandeprogramm, Skylab, das Apollo-Sojus-Testprogramm, das Space-Shuttle-Programm sowie des Trainingsquartiers der Astronauten. Die Blaue Tour führt zu dem Kontrollzentrum, dem Luftwaffenmuseum mit seinen Raketen sowie den Startrampen für die früheren Mercury- und Geminiraumflüge. Bei Raumfährenstarts gibt die NASA eine kleine Zahl von Besucherkarten für das Gelände heraus.
Reservierungen
Tel. (305) 452-2121
Informationen über Starttermine und die besten Aussichtsstellen gibt die NASA über den gebührenfreien Telefonanschluß 800-432-2153.

Visitor Center
Tgl. 8 Uhr bis Sonnenuntergang
Eintritt frei
Blaue und Rote Tour je $ 4 Erwachsene, $ 1,75 Kinder unter 12 Jahren; IMAX Theater mit Film über Start und Landung der Columbia $ 2,75 Erwachsene, $ 1,75 Kinder.

Ocala Gut eine Stunde nördlich von Orlando (Florida Turnpike bis Wildwood, dann I-75 Richtung Norden für 15 Meilen) liegt das Zentrum der Pferdezucht. Ein gutes Dutzend Züchter erlaubt Besuche bei vorheriger Anmeldung. Auskünfte erteilt die *Ocala/Marion County Chamber of Commerce*. Eine Meile östlich von Ocala am Highway Florida 40 bei Silver Springs legen Glasbodenboote ab für Fahrten durch eine kristallklare Wasserlandschaft. Der Eingang in den Ocala National Forest liegt bei Umatilla. Am Juniper

Orlando und Zentralflorida

Springs Run und in Alexander Springs kann man Kanus mieten.
Ocala/Marion County Chamber of Commerce
Tel. (904) 629-8051

Universal Studios Das Walt Disney-MGM Studio war ein solcher Erfolg, daß die Konkurrenz Universal Studios den Meister der Illusion, Steven Spielberg, beauftragte, für sie einen Amüsierpark mit Film- und Fernsehstudios in Zentralflorida zu bauen (10 Meilen südwestlich von Orlando, Abfahrt 29 von der Autobahn Interstate 4). Seit Mai 1990 kann man dort ein Erdbeben von 8,3 Punkten auf der Richterskala erleben, mit den Ghostbusters die Terrorbande, Gozer und den Marshmallow-Mann jagen und dem 3-Tonnen-Hai aus »Der weiße Hai« ins fürchterliche Maul schauen. Schön gruselig wird es bei Alfred Hitchcock, wo man von den »Vögeln« angegriffen und von der Dusche aus »Psycho« genäßt werden kann. Auf dem etwa 13 ha großen Gelände kann man auch die Produktionen neuer Filme miterleben und im Restaurant – wenn Sie Glück haben – mit echten Stars speisen.
Turkey Lake Road
Tel. (407) 363-8000
Tgl. 9–19 Uhr
Eintritt $ 29 für Erwachsene, $ 23 für Kinder von 3–11 Jahren

Museum
Elvis Presley Museum Sein Piano, sein Cadillac, sein Mercedes, seine Anzüge und, nicht auszuhalten, seine Gitarre: Für Presley-Fans ist das Museum ein Reliquienschrein.
5931 American Way, Orlando
Tel. 345-8860 Tgl. 9–22 Uhr, Eintritt $ 4, Kinder $ 3

Restaurants
Innerhalb der Disney-Welt gibt es gute, mittags aber sehr volle Restaurants, jene im Epcot Center sind sogar Spitzenklasse, etwa das »Les Chefs de France« im französischen Pavillon, das von Paul Bocuse, Gaston Lenôtre und Roger Vergé gegründet wurde. Nachstehend sind einige interessantere der vielen Restaurants, meist außerhalb des Disneylandes, aufgeführt.
American Vineyards Amerikanisch, aber wie! Das Beste, was das Land zu bieten hat, und dies in einem Rahmen von Flaschenetiketten, Plakaten und Fotos, die ein Weinmuseum füllen könnten. Fast alle Speisen, sei es Filet vom Black-Angus-Rind oder Krebskasserolle, sind mit Wein angerichtet.
Hilton Hotel
1751 Hotel Plaza Boulevard, Walt Disney World Village, Lake Buena Vista
Tel. 827-4000
1. Kategorie
Bangkok Restaurant Liebhaber von Erdnuß- und Kokosnußsaucen, von Zitronengras und Singha Bier – hier gibt es Satay, Tom Yum Kung, Roum Mit An Tod Mun. Und für den noch nicht Eingeweihten ist das Menü zum Einüben gestaltet.
260 Douglas Avenue, Altamonte Springs
Tel. 788-2685
2. Kategorie
La Cantina Der Name trügt, die Cantina ist nicht spanisch oder südamerikanisch, sondern ein gemütliches Steakhouse, das Spaghetti als Beilage reicht.
4721 East Colonial Drive, Orlando
Tel. 894-4491
2. Kategorie
Darbar Üppige Leuchter, Marmor, wo man hinschaut – Indien, so reich wie beim Maharadscha, und eine Speisekarte, so lang wie die Bibel. Die Kellner beraten, auch über den Grad der Würze, den Sie sich zutrauen sollten.
7600 Dr. Phillips Boulevard, Orlando
Tel. 345-8128
1. Kategorie

Orlando und Zentralflorida

Maison & Jardin Haus und Garten sind Nachbildungen einer römischen Villa mit Park, in der mit das Beste und Frischeste serviert wird, was der Markt bietet, dies aber meist europäisch zubereitet.
430 Wyman Road, Altamonte Springs
Tel. 862-4410
Luxuskategorie

Ran-Gestsu Sehr elegant eingerichtetes und um einen japanischen Garten herum gebautes Restaurant, das nicht nur Sushi bietet, sondern Sukiyaki am Tisch zubereitet, während auf der Bühne klassische japanische Tänze dargeboten werden.
Plaza International
8400 International Drive, Orlando
Tel. 345-0044
1. Kategorie

Hotels

Fast alle großen Ketten haben Häuser in Orlando und Umgebung. Hotels innerhalb von Disney World (alle Luxuskategorien) können über Disney's Reservierungsbüro gebucht werden: Tel.(407) 934-7639. Zentrale Buchungsstelle für Hotels im Raum Orlando: Central Reservation Servie: Tel. 800-548-3311, innerhalb Floridas 800-683-3311.

Buena Vista Palace Modernste Architektur im 27-Etagen-Turm mitten in Walt Disney World Village. Große, schöne Zimmer mit Sitzecken und Balkons oder Patios.
1 Walt Disney World Village, Lake Buena Vista
Tel. 827-2727, kostenlos 800-327-2990, innerhalb Floridas 800-432-2920
Luxuskategorie

Chalet Suzanne Einzigartig, in Zitrushainen verstecktes Wunderland mit 30 Zimmern, voller Kacheln und Mitbringsel, welche die Gründerin auf Reisen über fünfzig Jahre hinweg sammelte. Pool und eigene Landebahn für Sportflugzeuge
US Highways 27/17 A, Lake Wales
Tel. (813) 676-6011
2. Kategorie

Gold Key Inn Wer Geschäfte zu machen hat in Orlando, steigt hier gerne ab, wegen der angrenzenden Bürostadt und wegen des »Executive Club«, wo sich die Manager entspannen.
7100 South Orange Blossom Trail, Orlando
Tel. 855-0050, kostenlos 800-327-0304, innerhalb Floridas 800-432-0947
1. Kategorie

Grenelefe Hotel mit eigenen Golfanlagen, einem Angelsee, Tennisplätzen, Schwimmbad und Villen mit ein oder zwei Schlafzimmern. Dreißig Minuten von Disney World entfernt in den Wäldern Zentralfloridas gelegen.
3200 State Road 546, Grenelefe
Tel. (813) 422-7511, kostenlos 800-237-9549, innerhalb Floridas 800-282-7875
1. Kategorie

Harley Hotel Café im Park, der Eola See vor den Fenstern, ein bepflanztes Sonnendeck mit Pool und 927 Zimmer, deren Bewohner »nicht als Nummer, sondern als jemand Besonderes« behandelt werden. Sagt jedenfalls die berühmte Inhaberin Leona Helmsley.
151 East Washington Street, Orlando
Tel. 841-3220, kostenlos 800-321-2323
1. Kategorie

Lakeside Inn Noch eine abseits gelegene ruhige Oase an einem See mit Entspannungsmöglichkeiten wie Shuffle Board und Bowling, aber auch Tennis und Schwimmen. Das in den dreißiger Jahren gebaute Inn hat auch mehrere Suiten.
100 South Alexander Street, Mount Dora
Tel. (904) 383-4101, kostenlos 800-624-8247, innerhalb Floridas 800-556-5016
1. Kategorie

Mickey Mouse & Co. in Disney World bei Orlando

Service
Auskunft
Fremdenverkehrsbüros
Tourist Information Center
8445 International Drive,
Orlando 32819
Tel. 363-5800
Tgl. 8–20 Uhr

Kissimmee/St. Cloud Convention and Visitor's Bureau
US 192 East, Kissimmee, FL 32741
Tel. 847-5000, kostenlos 800-327-9159, 800-432-9199 in Florida
Notruf 9 11 und 0 (Operator)
Telefonvorwahl für Orlando und Umgebung Area Code 407

Palm Beach

Einmal muß man sie gesehen haben, die Enklave der Milliardäre. In einem literarischen Porträt des Badeortes Palm Beach schrieb John Ney folgende Anekdote. Auf einer Party habe sich ein junger Mann in die Brust gelegt: »Ich bin einer von den Millionären, die unter vierzig sind.« Antwort eines etablierten Palm Beachers: »Ich war Millionär, bevor ich geboren wurde.«

Touristen werden hier nicht gerade mit offenen Armen empfangen, sie werden allenfalls toleriert. So groß ist das Mißtrauen, daß man schon überlegt, von jedem, der in den Ort kommt, eine Video-Aufnahme zu machen – für den Fall, daß er sich als Verbrecher entpuppt. Reichtum hat Tradition in Palm Beach. 1933 kaufte sich Joseph, der Vater des späteren Präsidenten John F. Kennedy, ein Strandgrundstück. John F. kam im Winter oft hierher, auch noch, als er schon im Amt war. In den achtziger Jahren wechselte der Jet-set von der französischen Riviera herüber: Robert de Balkany und seine Frau, Prinzessin Maria Gabriella von Savoyen, Arndt Krupp von Bohlen und Halbach. Das Haus 702 South Ocean Boulevard gehörte einst John Lennon, der manchmal mit Yoko Ono zum Essen ins »Petite Marmite« ging. Wenn Sie erfahren möchten, wer gestern auf wessen Party war, kaufen Sie »The Palm Beach Daily News« – die Zeitung wird auf besonders behandeltem Papier gedruckt, damit die Druckerschwärze nicht abgeht. Wer über Hecken schaut, fällt unangenehm auf, wer einen Fotoapparat um den Hals trägt, auch. Eigentlich fällt jeder auf, der durch Palm Beach fährt und nicht dort wohnt. Deshalb ein Hinweis: bei »Classic Motor Tours« auf der Poinciana Plaza kann man umsteigen – in einen Rolls-Royce Silver Shadow aus dem Jahre 1958, der einzig richtige Wagen, um die Stadt zu besichtigen.

Sehenswertes

Kein Witz: *Classic Motor Tours* vermietet Rolls-Royce und Bentleys mit Chauffeur/Führer, die als einzige wirklich wissen, wer in welchem der palastartigen Häuser wohnt.

Wer es auf eigene Faust unternimmt, fährt am besten den South Ocean Boulevard entlang. Nummer 1100 gehörte Marjorie Merriweather Post, der verstorbenen Grand Old Lady von Palm Beach. Sie vererbte das Haus dem Staat, der aber fühlte sich außerstande, jährlich eine Million Dollar allein für den Unterhalt auszugeben, und trat das Erbe nicht an. Jetzt gehört es dem New Yorker Immobilienmilliardär Donald Trump. Hinter einer hohen Mauer an der North County Road verbirgt sich die Kennedy-Villa. Nummer 1 County Road ist das legendäre »Breakers«-Hotel. Weiter geht es auf der North County Road, vorbei an einem Schild »This road terminates in 3,5 miles«. Bis zum Ende dieser 3,5 Meilen werden Sie Herrschaftshäuser gesehen haben, die mit einer Million Dollar nicht einmal angezahlt wären. Eins ist zu besichtigen, das vom Eisenbahnbauer und Strandortgründer Henry Flagler aus dem Jahre 1901 im *Whitehall Way*.

Classic Motor Tours
1290 Manor Drive, Riviera Beach
Tel. 848-4370
$ 20 pro Stunde und Person, mindestens 2 Personen
Whitehall Way
Tel. 655-2833
Di–Sa 10–17 Uhr, So 12–17 Uhr
Eintritt $ 3,50, Kinder von 6–12 Jahren $ 1,25

Restaurants

Es gibt ein paar einfache Restaurants, denn auch der Magnat braucht ab und zu seinen Hamburger, etwa vom »Hamburger Heaven«, 314 South County Road. Doch wirklich empfehlenswert sind eigentlich nur die unbezahlbaren und stets ausgebuchten Luxusrestaurants.
L'Auberge de France Hummer bisque, Spargelsuppe, Foie gras, Himbeeren – und was man halt zum Überleben braucht.
The Palm Court, 363 Coconut Row
Tel. 659-5800
Luxuskategorie
Le Monagasque Aldo Rinero hat die Wände mit Eindrücken von seiner Heimat Monaco bemalen lassen, und das Essen, Pardon, die erlesenen Speisen, kommen auch von dort. Reservierung mindestens eine Woche im voraus. Jackettzwang.
Palm Beach President
2505 South Ocean Boulevard
Tel. 585-0071
Luxuskategorie

Hotels

Brazilian Court Immerhin, Cary Grant, Gary Cooper und Errol Flynn stiegen hier ab, man fühlt sich nicht völlig deplaziert. 1986 wurde das Haus von Grund auf renoviert und mit Jacuzzi-Bad und Himmelbetten auf den letzten Stand gebracht.
300 Brazilian Avenue
Tel. 655-7740
Luxuskategorie
The Breakers Wenn Palm Beach, dann eigentlich nur ins »Breakers«, auch mal nur so, zum Anschauen. Das Wahrzeichen von Palm Beach ist in jeder Hinsicht anachronistisch und hat ein bißchen von allem: Versailles, der Villa Medici in Rom, dem Dogenpalast in Venedig. Die Zimmer sind riesig. Selbstverständlich gibt es einen Privatstrand, Golfplätze, Tennisplätze, Salz- und Süßwasserpools, Fahrräder und Krokket. Im Winter nur Zimmer mit Halbpension (Frühstück und Abendessen).
1 South County Road
Tel. 655-6611
Luxuskategorie

Service
Auskunft
Fremdenverkehrsbüro
Palm Beach Chamber of Commerce
45 Coconut Row, Palm Beach, FL 33480
Tel. 655-3282
Notruf 911 und 0 (Operator)
Telefonvorwahl Area Code 305

Sanibel und Captiva

Die beiden Inseln im Golf von Mexiko sind Gauguin'sche Paradiese, wiewohl nicht so menschenleer wie manche Südseeinsel. Man erreicht sie von Fort Myers auf dem Highway US 41. Die Maut von drei Dollar für die kurze Brücke über den Sund hält manchen potentiellen Besucher ab. Das ist beabsichtigt, denn die Inseln voller Muscheln, Krokodile und seltener Vögel wären sonst alsbald überlaufen. Trotz der Exklusivität – der frühere Bundeskanzler Helmut Schmidt ging auf Sanibel gerne am Strand spazieren – ist die Bebauungsgrenze bereits erreicht. Tröstlich und angenehm für das Auge, daß kein Gebäude die Baumwipfel überragen darf. Wer in diesem Garten Eden der Muschelsammler nach besonders seltenen Exemplaren sucht, sollte sich frühmorgens auf den Weg begeben.

Sehenswertes

»Ding« Darling National Wildlife Refuge Naturpark voller Alligatoren, Schildkröten, Seeottern und so seltener Vögel wie den Anhinga. Man darf mit dem Auto durch den Park fahren. Es gibt aber auch Führungen zu Fuß (interessanter) und einen Kanuverleih am Eingang bei Tarpon Bay.
Sanibel Island
Tel. 472-1100
Tgl. 7.30–16 Uhr
Eintritt frei

Restaurants

Die Restaurants auf den Inseln sind oft schon in der Nebensaison überfüllt, erst recht aber in den Wintermonaten. Daher sind Tischreservierungen empfehlenswert.

Bubble Room Das dreistöckige Gebäude ist voller Eigenarten: Marionetten von Walt Disney-Figuren, Statuen von Stan Laurel und Oliver Hardy, alle Sorten von Glaskugeln. Daher der Name »Bubble Room«. Die Hauptgerichte tragen die Namen von Hollywood-Stars, zum Beispiel »Ribs Weismuller«, und sind, sagen wir einmal, eigenwillig, aber nicht schlecht.
Captiva Road, Captiva
Tel. 472-5558
2. Kategorie

Coconut Grove Sehr beliebtes, einfaches Restaurant. Spezialität: gefüllte Riesengarnelen. Freitagabends griechisches Buffet.
Tarpon Bay Road/Periwinkle Way, Sanibel
Tel. 472-1366
3. Kategorie

Jean-Paul's French Corner Kleines französisches Bistro, in karibische Gefilde versetzt. Gebackene Schnecken verzehrt man hier zu Chansons von Edith Piaf.
708 Tarpon Bay Road, Sanibel
Tel. 472-1493
2. Kategorie

Letizias Italiener, schwer zu finden in einem kleinen Haus in einer engen Gasse. Das Beste: »Red Snapper en papillote« – mit Kräutern im Papierbeutel gekochter Fisch.
3313 Gulf Drive West, Sanibel
Tel. 472-2177
2. Kategorie

McT's Shrimphouse and Tavern Das, wie es sich selber anpreist, ehrliche Restaurant serviert vor allem Austern, Fisch, Krabben und Krebse.
1523 Periwinkle Way, Sanibel
Tel. 472-3161
3. Kategorie

Mucky Duck Guter Fisch und Meeresfrüchte, serviert von Kellnern, die einem die Laune verbessern, etwa indem sie ein winziges rotes Licht im Ohr tragen.
Andy Rosse Lane s/w, Captiva
Tel. 472-3434
2. Kategorie

Nutmeg House Exzellente Fisch- und Meeresfruchtgerichte, französisch zubereitet in einer Tropengartenatmosphäre.
2761 Gulf Drive, Sanibel
Tel. 472-1141
2. Kategorie

Timbers Restaurant and Fish Market Frischer Fisch, saftige Steaks, Austern und Garnelen – zu Preisen, die einen europäischen Wirt in den Konkurs treiben würden.
975 Rabbit Road, Sanibel
Tel. 472-3128
3. Kategorie

Sanibel und Captiva

Hotels

Beach View Cottages Gut eingerichtete Häuschen am Strand mit Fernsehen und Küche.
3306 West Gulf Drive, Sanibel
Tel. 472-1202
2. Kategorie

The Colony Motelzimmer und weit auseinanderliegende Häuschen in einer der weniger frequentierten Gegenden. Pool, Holzkohlengrills, Fahrradverleih.
401 East Gulf Drive, Sanibel
Tel. 472-5151
2. Kategorie

Gallery Motel Tropische Enklave direkt am Strand. Zimmer mit Kochgelegenheit, Häuschen.
541 East Gulf Drive, Sanibel
Tel. 472-1400
2. Kategorie

Island Inn Sehr schön eingerichtete Häuschen mit Platz für zwei bis acht Personen, manche sogar mit Kamin und kleiner Bibliothek. Direkt am Strand.
3111 West Gulf Drive, Sanibel
Tel. 472-1561
1. Kategorie

Jolly Rogers Resort Motel Nette Zimmer mit eigenen Küchen direkt am Strand; Schwimmbad, Tennisplatz.
3287 West Gulf Drive, Sanibel
Tel. 472-1700
2. Kategorie

Kona Kai Nicht am Strand, aber im schönen Hibiskusgarten gelegenes, sauberes kleines Motel.
1539 Periwinkle Way, Sanibel
Tel. 472-1001
3. Kategorie

Pointe Santo des Sanibel Villen am Strand an dem südlichsten Zipfel Sanibels. Pool, Tennis und – einzigartig - ein Clubhouse mit Glasboden über einer Lagune, durch den die Fische zu beobachten sind.
2445 West Gulf Drive, Sanibel
Tel. 472-9100, kostenlos 800-824-5442, innerhalb Floridas 800-282-7438
Luxuskategorie

South Sea Plantation Resort and Yacht Harbor Sporthotel mit Apartments und Villen. Was suchen Sie: Privatstrand, Golfkurs, Yachthafen, 17 Pools, 22 Tennisplätze? Alles da.
Captiva
Tel. 472-5111, kostenlos 800-237-3102, innerhalb Floridas 800-282-3402
Luxuskategorie

Tween Waters Inn Verstreute Häuschen, der einzige Luxus ist, daß die Betten gemacht werden. Aber dafür kann man hier wie ein Strandvagabund leben.
Captiva
Tel. 472-5161
2. Kategorie

Service

Auskunft
Fremdenverkehrsbüro
Sanibel/Captiva Chamber of Commerce. Kostenloses Telefon, um Zimmer auf den Inseln zu finden.
115 Causeway Road, Sanibel, FL 33957
Tel. 472-1080

Bootsverleih
The Boathouse
Sanibel Marina
Tel. 472-2531

Camping
Periwinkle Way Park, Sanibel
Tel. 472-1433

Medizinische Hilfe
The Island Health Center
2400 Palm Ridge Road, Sanibel
Tel. 472-5972

Mopedverleih
Island Moped
1470 Periwinkle Way, Sanibel
Tel. 472-5248

Notruf Tel. 472-1414 und 0 (Operator)

Taxi
The Sanibel Taxi Co. arbeitet rund um die Uhr und holt auch vom Flughafen von Fort Myers auf dem Festland ab.
Tel. 472-4160 oder 472-4169

Telefonvorwahl Area Code 813

St. Augustine

Mehrere Städte in den Vereinigten Staaten brüsten sich mit dem Hinweis: »The Nation's Oldest City« – die älteste Stadt der Nation. St. Augustine ist es, sie war jedenfalls die erste dauerhafte Siedlung von Europäern auf dem Gebiet, das heute das Festland der USA ausmacht. Natürlich haben Tourismus, Bauindustrie und Neonreklamen nicht vor St. Augustine haltgemacht. Aber der alte Stadtkern sieht ungefähr so aus wie vor vierhundert Jahren. St. Augustine ist ein geschichtsträchtiger Ort und auch ein geschichtenträchtiger. So ist keineswegs ausgemacht, daß jene »Jungbrunnen« genannte Quelle wirklich der Ort ist, an dem der spanische Eroberer Ponce de León im Jahre 1513 zuerst seinen Fuß an Land setzte, als er den magischen, ewige Jugend verheißenden Zaubertrank in Florida suchte. Kein Zweifel besteht dagegen daran, daß das massive Castillo de San Marcos zwischen 1672 und 1695 von den Spaniern mit zehn Meter hohen und fünf Meter dicken Mauern gebaut wurde. Unumstritten auch, daß das Zorayda Castle eine Nachbildung der spanischen Alhambra ist.

Man kann sich den Kutschern anvertrauen, die einen zum »ältesten Laden«, zum alten spanischen Viertel, zum Gerichtsgebäude bringen und dabei so manches erzählen. Archäologen und Historiker wissen natürlich besser Bescheid, denn St. Augustine ist einer der wenigen Orte Nordamerikas, wo sie nach Herzenslust forschen konnten.

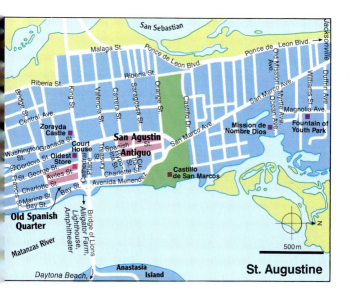

Sehenswertes

Castillo de San Marcos Das Kastell ist aus »coquina« gebaut, einem weichen Stein aus Sand und Muscheln. Es war so teuer, daß König Philip von Spanien einst gesagt haben soll, es werde wohl aus Silber gebaut. Über die Jahre waren nach den Spaniern hier amerikanische Revolutionäre, Soldaten der Nord- und Südstaaten und Deserteure im amerikanisch-spanischen Krieg kaserniert.
1 Castillo Drive
Tgl. 8.30–15.15 Uhr
Eintritt $ 1, Kinder unter 16 Jahren frei

Fountain of Youth Die eingemauerte Quelle spendet ewige Jugend. Wer's nicht glaubt und nicht länger verweilen will, der mag dem Monument des Konquistadoren Ponce de León, dem Planetarium, dem Museum und dem Schwanensee auf dem Gelände mehr Interesse abgewinnen.
155 Magnolia Avenue
Tgl. 9–16.45 Uhr
Eintritt $ 3, Kinder von 6–12 Jahren $ 1,50

Mission of Nombre de Dios and Shrine of Our Lady of La Leche Die erste Mission von einer Reihe christlicher Außenposten, die sich später bis nach Kalifornien ausdehnen sollten.
San Marcos Avenue/Old Mission Avenue
Tgl. 7 bis zur Dunkelheit
Spenden werden gerne angenommen.

Oldest House Seit dem beginnenden 17. Jh. ein Wohnhaus, die heutigen Mauern aus Coquina wurden 1702 gebaut, nachdem die Briten die Stadt abgebrannt hatten. Die Architektur ist typisch für St. Augustine, die antiken Möbel sind echt.
14 St. Francis Street
Tel. 824-2872
Tgl. 9–17 Uhr
Eintritt $ 3, Kinder unter 12 Jahren frei

Oldest Store Die Regale sind gepackt voll mit Knöpfschuhen, roter Unterwäsche, eingelegten Gurken, Medizin, die vorwiegend aus Alkohol besteht, und allem, was man vor hundert Jahren verkaufte.
4 Artillery Lane
Tel. 829-9729
Mo–Sa 9–17 Uhr
Eintritt $ 2,50, Kinder von 6–12 Jahren $ 1

San Augustin Antiguo Gegenüber dem Castillo liegt dieses Hauptdenkmalschutzgebiet der Stadt – ein lebendiges Museum, in dem Keramiker, Bäcker, Hufschmiede und andere Handwerker das Leben in einer kolonialen Besiedlung der Spanier im 18. Jh. vorführen.
44 St. George Street
Tel. 824-6383
Tgl. 9–17 Uhr
Ein Ticket für $ 2,50 oder $ 5 für Familien verschafft Eintritt in die meisten Häuser, nicht aber in die alte Schule.

Zorayda Castle Nachbildung der Alhambra von Granada komplett mit Harem.
83 King Street
Tel. 824-3097
Im Winter tgl. 9–17.30 Uhr
Eintritt $ 3, Kinder von 6–12 Jahren $ 1,50

Einkaufen

Isabela's Seit ihren Kindheitstagen in Kuba klöppelt Isabela Spitze. In ihrem Laden gibt es Wäsche, Petticoats und Kleider, die bei keiner Fiesta fehlen dürfen.
11 East Aviles Street
Tel. 8 29–34 07

Lightner Antiques Mall Das ehemalige Hallenbad des alten Alcazar-Hotels ist nun der Ort, wo man in Antiquitäten regelrecht baden kann
Cordova Street/King Street

Restaurants

Cap's Direkt am Wasser schmecken frische Palmenherzen, Alliga-

St. Augustine

St. Augustine gilt als die älteste Stadt der Vereinigten Staaten

torschwänze und Fisch nach Cajun (New Orleans)-Art besonders gut.
4325 Myrtle Lane, Vilano Beach
Tel. 824-8794
3. Kategorie

Captain Jack's Noch ein Kapitän, der Koch wurde und Restaurant wie Speisekarte nach nautischen Gesichtspunkten ausstattete. Das Beste: Frische, gekochte Garnelen.
10 Marine Street
Tel. 8 29–68 46
2. Kategorie

Captain Jim's Conch Hut Restaurant Auch diese »Hütte« liegt am Meer und bietet vor allem Frisches aus dem Ozean. Selten für Florida: Man kann im Freien essen.
57 Comares Avenue
Tel. 8 29–86 46
2. Kategorie

Chart House Durch den Garten dieses alten Stadthauses gelangen Sie an eine Austernbar im Parterre und zum Speisesaal im ersten Stock, wo exzellente Fischgerichte serviert werden. Sehr beliebt, daher unbedingt reservieren.
46 Avenida Menendez
Tel. 824-1687
1. Kategorie

Columbia Altspanien, wie es die Kubaner sich vorstellen, lebt auf in diesem Restaurant, das Teil einer kleinen Kette ist: sehr gute Fischgerichte, gelber Reis, Bohnensuppe mit Wurst und Schinken, Paella Valenciana. Moderner ist der Drink »Blue Margarita«.
98 St. George Street
Tel. 824-3341
2. Kategorie

Fiddler's Green Falls Sie frieren, bei Fiddler's brennt ein Kaminfeuer. Aber warm wird einem auch, wenn man über der riesigen Auswahl an französisch zubereitetem Fisch schwitzt.
50 Anahma Drive
Tel. 824-8897
2. Kategorie

Monk's Vineyard Zwar europäisch, aber doch nicht deutsch. Suchen Sie das? Nun, dann zu den Kapuzinermönchen (Kellnern!), die Ihnen Crêpes und Quiches, Steaks und Fisch servieren und mit gregorianischen Chorälen aufwarten.
56 St. George Street
Tel. 824-5888
2. Kategorie

O'Steen's Gebratene Garnelen, Chowder, Maisbrot und Rübchen, so wie es der einfache Floridianer liebt.
2–5 Anastasia Boulevard
Tel. 8 29-69 74
3. Kategorie

Le Pavilion »Gemütlichkeit« in diesem trotz des französischen Namens schweizerdeutschen Restaurant. Endlich mal wieder Bratwurst, Sauerbraten, Spätzle, Rotkohl und Bratkartoffeln. Reservierung empfohlen, denn auch die Amerikaner lieben Kerzenlicht und Gardinchen.
45 San Marcos Avenue
Tel. 824-6202
2. Kategorie

Hotels

Casa de la Paz Wie alle Häuser auf der Avenida Menendez liegt dieses Bed-and-Breakfast-Inn im Herzen der Altstadt. Ein schönes, großes altes Haus mit Klimaanlage und Zimmern mit Bad. Frühstück inbegriffen.
22 Avenida Menendez
Tel. 829-2915
2. Kategorie

Casa de Solana Restauriertes altes Haus mit vier Suiten, die von Antiquitäten überquellen. Mallorquinische Kamine und Fahrräder für Besichtigungstouren, wenn diese nach einem Frühstück mit Bananenbrot, Grütze, Schokolade und Sherry noch zu schaffen sind. Bed-and-Breakfast.
21 Aviles Street
Tel. 824-3555
1. Kategorie

Kenwood Inn »Antebellum« – die Zeit vor dem Bürgerkrieg scheint im Kenwood Inn nicht vorübergegangen zu sein. Das Haus wurde schon 1865 als Gasthof gebaut, die Zimmer sind unterschiedlich mit Antiquitäten ausgestattet. Im Innenhof findet sich ein Schwimmbassin. Bed-and-Breakfast.
38 Marine Street
Tel. 824-2116
2. Kategorie

Monson Motor Lodge Das Motel liegt ideal für Besichtigungen des historischen Bezirks, nur einen Häuserblock entfernt vom Fort.
32 Avenida Menendez
Tel. 829-2277
2. Kategorie

Monterey Motel Wegen der Hufeisenform des Motels hat man von vielen der Zimmer im ersten Stock einen guten Blick auf die Bucht. Die drei Zimmer nach vorne sind besonders schön.
16 Avenida Menendez
Tel. 824-4482
3. Kategorie

Victorian House Rüschenvorhänge, eingerahmte Spitze, gestickte Deckchen und selbstgemachtes Müsli (Granola) geben diesem alten Bed-and-Breakfast-Inn seinen Charme.
11 Cadiz Street
Tel. 824-5214
2. Kategorie

Wescott House Das teuerste unter den Bed-and-Breakfast-Inns ist das Wescott House. Dafür ist es aber auch am üppigsten eingerichtet. Und es gibt nicht nur Croissants zum Frühstück, sondern es steht auch je den Abend ein gefüllter Cognacschwenker auf dem Nachttisch.

St. Augustine / Tallahassee 83

146 Avenida Menendez
Tel. 824-4301
1. Kategorie
Whetstone's Bayfront Inn Unter der Bridge of Lions passieren Boote, auf der Straße Pferdekutschen, aus den Fenstern erblickt man die Matanzas-Bucht, und der Swimmingpool ist von Palmen umrahmt – hübscher können Hotels kaum liegen.
138 Avenida Menendez
Tel. 824-1681
2. Kategorie

Am Abend

St. George Street Players Auf der Bühne werden Komödien des Spaniers Lope de Rueda (18. Jh.) in englischer Sprache aufgeführt.
Fiesta Mall, 1 King Street
Tel. 824-2096

Service
Auskunft
Fremdenverkehrsbüros
St. Augustine Visitors Information (auch für Hotelreservierungen und ärztliche Hilfe)
10 Castillo Drive, P. O. Drawer 0, St. Augustine, FL 32085
Tel. 824-3334
Chamber of Commerce
52 Castillo Drive, P. O. Drawer 0, St. Augustine, FL 32085
Tel. 829-5681
Notruf 911 und 0 (Operator)

Stadtbesichtigungen
Colee's Carriages – Kutschfahrten
95 Riberia Street (die Kutschen stehen aber am Eingang des Castillo, 1 Castillo Drive).
Tel. 829-2818
Tgl. 9–17 Uhr
Erwachsene $ 5, Kinder von 5–11 Jahren $ 2
Sightseeing Trains – Trambahnen: Die Fahrer informieren und geben Anekdoten zum Besten. Abfahrt alle 15 Minuten, man kann unterwegs aus- und in eine spätere Tram wieder einsteigen.
170 San Marco Avenue
Tel. 829-6545
Erwachsene $ 5, Kinder von 5–12 Jahren $ 2
Spanish Heritage Tours – persönliche Führungen
Tel. 829-3726
Telefonvorwahl Area Code 904

Ziel in der Umgebung
Fort Matanzas Kleines Fort aus dem Jahre 1742 als Schutzburg am Intracoastal Waterway gebaut. Im 16. Jh. war es Stätte eines blutigen Gemetzels zwischen spanischen und französischen Truppen. Eine kostenlose Fähre legt gerade südlich von St. Augustine am Highway USA 1 A ab und bringt Besucher zum Fort.
Tgl. 9–16.30 Uhr, Eintritt frei

Tallahassee

Die mittelgroße Stadt, in der sich heute moderne Bürogebäude mit alten Kolonialstilhäusern mischen, wurde 1823 aus einem einzigen Grund geschaffen: damit Florida eine Hauptstadt bekommt, die möglichst nah zur Bundeshauptstadt Washington liegt. Besonders schön und typisch für den alten Süden sind die von Eichen bestandenen Straßen. Von den Bäumen hängt das »graue« oder »spanische« Moos, und im Frühjahr explodiert die Blütenpracht der Azaleen. Nördlich Tallahassees finden sich ausgedehnte Plantagen, die heute zumeist Jagdreservate sind. Ansonsten beherrschen die Regierungsgebäude und die Florida State University den Ort.

Sehenswertes

Park Avenue mit seinen Häusern aus der Zeit vor dem Bürgerkrieg und der historische Bezirk von *Calhoun Street*. Die Häuser dort wurden schon um 1830 gebaut. Das Holz ist Pinie aus Neuengland. Es wurde schon am Ursprungsort so weit bearbeitet, daß es sich bei den Gebäuden in der Calhoun Street womöglich um die ersten vorfabrizierten Häuser Amerikas handelt.

Museum

Museum of Florida History Historisches Museum, dessen Ausstellungen tief in die Zeiten der Indianer und der spanischen Conquistadores zurückreichen.
R. A. Gray Building, 500 South Bronough Street
Tel. 488-1484
Mo–Fr 9–16.30 Uhr, Sa 10–16.30 Uhr, So 12–16.30 Uhr
Eintritt frei

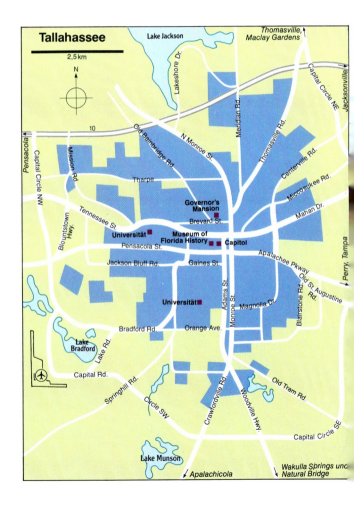

Tallahassee

Restaurants

Andrew's 2nd Act Ein Labyrinth von Speisesälen mit solchen Delikatessen wie gebackenen Austern, Mozarella mit kreolischer Sauce und Crêpes mit Krabben und Garnelen.
228 South Adams Street
Tel. 222-2759
1. Kategorie

Brown Derby Restaurant Ein Kettenrestaurant, das stolz auf seine dicken Steaks zu schmalen Preisen ist.
2415 North Monroe Street
Tel. 386-1108
3. Kategorie

Mrs. Lucy's Bamboo Garden Auswahl aus der gesamten Küche des Fernen Ostens finden Sie in den beiden Restaurants von Frau Lucy Ho: überwiegend chinesisch auf der Sixth Avenue, japanisch und chinesisch auf dem Apalachee Parkway.
112–116 East Sixth Avenue
Tel. 224-9099
3. Kategorie
2814 Apalachee Parkway
Tel. 878-3366
2. Kategorie

Hotels

Governors Inn Ein ehemaliger Viehstall, der vor wenigen Jahren in das eleganteste und beste Hotel der Stadt verwandelt wurde. Nur einen Block vom alten Kapitol entfernt an einer mit Ziegelsteinen gepflasterten alten Straße.
209 South Adams Street
Tel. 681-6855, kostenlos 800-342-7717
2. Kategorie

Prince Murat Motel Sehr günstiges Motel mit Blick auf ein altes Herrschaftshaus.
745 North Monroe Street
Tel. 224-3108
3. Kategorie

La Quinta Motor Inn Alleinstehendes Motel unter hohen Pinien im spanischen Stil, um einen Patio (mit Schwimmbad) herum gebaut.
2905 North Monroe Street
Tel. 385-7172, kostenlos 800-531-5900
3. Kategorie

Service

Auskunft
Fremdenverkehrsbüro
Tallahassee Chamber of Commerce
100 North Duval Street, Tallahassee, FL 32302
Tel. 224-8116
Notruf 911 und 0 (Operator)
Telefonvorwahl Area Code 904

Ziele in der Umgebung

Apalachicola Eine wunderschöne Fahrt durch Dünen und unter Pinien führt über die Straße US 98 zu diesem verschlafenen Fischerort. 90 Prozent von Floridas Austern werden dort gezüchtet. Am gleichnamigen Fluß liegt der Apalachicola National Forest. Im winzigen *Museum* wird gezeigt, was Apalachicola zum Fortschritt beitrug: die Erfindung der Klimaanlage.
Museum
6th Street, ein Block von US 98 entfernt, tgl. 9–17 Uhr

Panama City Auf halbem Wege nach Pensacola, am Miracle Strip in der Panhandle, liegt der Küstenort, der für seine hemmungslos kitschigen Touristenattraktionen berühmtberüchtigt ist. Fast alle Einwohner leben entweder vom Tourismus oder der nahen Tyndall Airforce Base.
Eine »echte« Attraktion sind hingegen die Dutzende wilder, leerer Strände des *Miracle Strip* in der Nähe der Stadt mit leichten Wellen und warmem Golfwasser. Besonders zu empfehlen: Grayton Beach State Recreation Area am südlichen Ende der State Roads 283 und 30 A. Hauptsaison des vor allem von Südstaatlern bevorzugten Ferienorts ist März bis September.

Geschichte auf einen Blick

10 000 Jahre v. Chr. bis 1500 n. Chr. In der oft überheblich als »Vorgeschichte« bezeichneten Zeit vor der Kolonialisierung Amerikas durch die Europäer war ganz Florida von Indianern besiedelt. Im Laufe der Jahrtausende entstanden die großen historischen Stammesgruppen. Die Timucua lebten im Norden, die kriegerischen Calusa im Südwesten und auf den Keys, die Apalachee im Panhandle. Und die Tequesta siedelten dort, wo heute ein normaler Sterblicher kaum noch einen Hektar Land erstehen kann: an der »Goldküste«, wo Palm Beach und Miami gegründet wurden. Heute, vier Jahrhunderte nachdem Christoph Kolumbus Amerika entdeckte, sind diese Stämme praktisch vom Erdboden verschwunden.

1513 Der spanische Konquistador Juan Ponce de León entdeckt am 2. April 1513 eine fruchtbare Küste, von der er zunächst nicht weiß, wozu sie gehört, und tauft das Land *La Florida*.

1565 Den Spaniern ist es nicht gelungen, Florida dauerhaft zu besiedeln. Französische Kolonisten lassen sich an der Küste Nordfloridas nieder. Da wacht Spanien auf, und Pedro Menendez de Avilés gründet den Stützpunkt St. Augustine und vernichtet die französische Kolonie. Jesuiten- und Franziskanermönche beginnen die durch europäische Krankheiten und Kriege bereits um ein Viertel dezimierten Ureinwohner zu missionieren.

1763 Großbritanniens Flotte hat Kuba erobert und gibt Havanna im Ersten Vertrag von Paris an die Spanier zurück – im Tausch gegen Florida, das damit erstmals mit dem Rest Nordamerikas vereinigt wird. Während die Engländer versuchen, das menschenleere Florida zu besiedeln, zieht ein Indianerstamm von Georgia und Alabama nach Florida: die Creek oder Seminolen.

1776–1823 England dankt Florida seine Treue im Amerikanischen Unabhängigkeitskrieg schlecht und überläßt das Land erneut den Spaniern. Erst 1819 fällt die Halbinsel an die Vereinigten Staaten, für fünf Millionen Dollar, die Washington den verschuldeten Spaniern erläßt. Das Indianerdorf Tallahassee auf halbem Wege zwischen Pensacola ganz im Westen und St. Augustine an der Ostküste wird 1823 zur neuen Hauptstadt. Eine Welle weißer Siedler strömt ins Land, für die Seminolen-Indianer beginnt ein Leidensweg.

1835 Der Seminolenhäuptling Osceola weigert sich, der Zwangsumsiedlung seines Stammes zuzustimmen. In den grausamen Seminolenkriegen (1835–42, 1855–58) werden die Indianer vernichtet, nur etwa 300 können in die unzugänglichen Sümpfe der Everglades fliehen.

1861 Florida schlägt sich von Anfang an im amerikanischen Bürgerkrieg auf die Seite der Südstaaten. Auch nach der Niederlage wurden die Sklaven nicht wirklich frei, bis 1964 blieben sie »segregiert«, dürfen nicht vom selben Wasser trinken wie die Weißen, müssen im Bus hinten sitzen.

1885 Für die weißen Floridianer beginnt die Moderne. Die zweite Eisenbahn wird von Henry M. Flagler an der Ostküste entlang gebaut 1894 endeten die Gleise an einem Flecken, den Flagler Palm Beach nennt. Dort baut er das »Breakers

Geschichte auf einen Blick

Hotel«, bis heute eines der exklusivsten der Vereinigten Staaten.

1920 Der große Grundstücksboom läßt Städte wie St. Petersburg oder Sarasota quasi über Nacht entstehen; der Börsenkrach von 1929 ruiniert die Boom-Millionäre.

1947 Die Gründung des Everglades-Nationalparks ist ein erster Schritt, um die ursprüngliche Natur des Landes mit ihrem Pflanzen- und Tierreichtum zu erhalten.

50er Jahre Das warme subtropische Klima macht Florida endgültig zum beliebtesten Wintererholungsplatz der USA, Tausende von Rentnern zieht es hierher.

1961 und 1971 In Florida werden berühmte Stätten gegründet. Vom Weltraumbahnhof am Cape Canaveral startet 1969 die erste Mondlandung. Die weltbekannte Mickey Mouse wählt ihren neuen Wohnsitz bei Orlando, wo die Walt Disney World entsteht.

Seit 1980 Die Bevölkerung Floridas steigt weiter, nicht nur durch die Amerikaner über 65 Jahre, sondern auch durch die Kubaner, die vor allem nach Miami strömen, als Castro 1980 kurzzeitig die Grenzen öffnet. Miami ist zu 55 Prozent spanischsprachig. Das unvergleichliche Artdeco-Viertel in Miami Beach wird aufwendig renoviert, und ein neuer Bauboom erschließt die Südwestküste.

Mai 1990 Die Universal Studios eröffnen ihren Vergnügungspark für Film-Freaks.

John F. Kennedy Space Center, der Weltraumbahnhof Amerikas

Info

Auskunft
Florida Department of Commerce Division of Tourism, International Tourism
107 West Gaines Street
410-D Collins Building
Tallahassee, FL 32399-2000
Tel. (904) 488-7598 oder 488-0262
Fax (904) 487-1407
Fremdenverkehrsamt der USA
Bethmannstraße 56
6000 Frankfurt 1
Tel. (069) 29 52 11
Mo–Fr 9–17 Uhr

Autofahren
In Florida, wie in den gesamten Vereinigten Staaten, gilt: Ohne Auto kommt man nicht herum. Leihwagen aber sind überall erhältlich: am Flughafen, bei den Stadtbüros der Mietwagenfirmen, im Hotel. Die Preise variieren enorm, es lohnt, sie zu vergleichen. Kabrios müssen lange im voraus gebucht werden, besondere Modelle wie die Oldies von National Car Rental ebenso. Genaue Anfragen auch bei Wohnmobilen: Was kostet die Versicherung, was der Mietfernseher? Überdies: Wohnmobile dürfen meist nur auf Campingplätzen parken. Kommt man von dort an seine Ziele? Auf den Inseln Sanibel und Captiva jedenfalls nur schwer. Auf Key West ist der einzige Platz häßlich und teuer.
Und was auch immer Sie fahren: die Geschwindigkeitsbegrenzung von 55 Meilen pro Stunde (etwa 88 km/h) wird strikt erzwungen. Die State Trooper auf den Landes- und US-Highways verfügen über Radar, das sogar die Geschwindigkeit eines entgegenkommenden Wagens messen kann. Die zulässige Alkoholgrenze liegt gegenwärtig bei 0,8 Promille. Auf Besonderheiten achten, etwa, daß ein Schulbus, der Kinder ein- oder auslädt, nicht überholt werden darf und daß man sogar auf der Gegenfahrbahn anhalten muß, außerdem daß in der Nähe von Schulen 15 Meilen Höchstgeschwindigkeit gilt.
Besonders zu beachten in Florida: Die Autoverleiher verlangen, anders als sonst in den USA, die Vorlage eines gültigen nationalen Führerscheins.
Hilfe erhalten Touristen vom amerikanischen Automobilclub AAA.
AAA
4300 Biscayne Boulevard, Miami, Fl. 33137
Tel. 573-6911, kostenlos 800-336-help

Camping
Auskünfte über die 700 Campingplätze in Florida und kostenlose Karten vergibt die:
Florida Campground Association, Department H.
P. O. Box 1 33 55, Tallahassee, FL 32317
In den State Parks beträgt die Zeltplatzgebühr gegenwärtig $ 6 pro Nacht, auf den Florida Keys $ 8. Reservierungen:
Florida Department of Natural Resources
Room 616, Marjory Stoneman Douglas Building, 3900 Commonwealth Boulevard, Tallahassee, FL 32303
Tel. (904) 488-7326
Bis zu sechzig Tagen im voraus.

Diplomatische Vertretungen
Generalkonsulat der Bundesrepublik Deutschland
100 North Biscayne Boulevard, Miami, FL 33132
Tel. (305) 358-0290/1
Österreichisches Konsulat
Suite 200 Republic Building 1454 NW, 17th Avenue, Miami, Fl 33125, Tel. (305) 325-1561

Schweizer Konsulat
Sunset Chiropractic Center
7301 SW, 97th Avenue
Miami, FL 33173
Tel. (305) 274-4210

Feiertage

Feiertage fallen in Amerika nicht so sehr ins Gewicht wie in Europa. Zwar schließen Banken, öffentliche Gebäude und viele Museen, doch viele Geschäfte bleiben offen. Richtig gefeiert werden der Unabhängigkeitstag am 4. Juli, Weihnachten, nur am 25. Dez., und die Silvesternacht. Der »Memorial Day«, der letzte Montag im Mai, ist Auftakt der Sommersaison (was aber allenfalls in Nordflorida auffällt), ebenso wie der »Labor Day«, erster Montag im Sept., Anlaß für ein verlängertes Wochenende gibt. Ähnlich »Thanksgiving«, der vierte Donnerstag im Nov., an dem die Familien zum Truthahnessen zusammenkommen und das ganze Land unterwegs ist.

Fernsehen

Keine Kneipe, kein Hotelzimmer ist ohne TV. Warum nicht Amerikas Nationalbeschäftigung mitmachen und die Serien sehen, die erst ein Jahr später bei uns kommen? Während bei uns der Fernseher bewußt eingeschaltet oder ausgelassen wird, läuft er in amerikanischen Haushalten ständig. Wer hinschauen will, der tut es, wer nicht, der bügelt oder ißt halt weiter. Die Hotels und Motels bieten überdies noch »free HBO« – kostenlose Filme aus dem Programm Home Box Office – und »Pay TV« – extra zu zahlende Kinofilme ohne Werbung.

FKK

Abgesehen von einigen wenigen Nudistencamps und (meist inoffiziellen) -stränden ist das Nacktbaden verpönt und auch das Sonnen »oben ohne« nicht toleriert.

Geld

Ohne Kreditkarte kommt man nur schwer zu Rande. Zwar nehmen Hotels Reiseschecks an und lösen Sie Ihnen (meist bis zu $ 100 am Tag) auch ein, aber dann müssen Sie immer viel Bargeld mit sich führen, was nicht ratsam ist. Zudem kassieren Hotels im voraus – es sei denn, Sie lassen einen Abdruck von Ihrer Kreditkarte vom Empfang beim Einchecken machen. Dann haben Sie auch den Vorteil, weitere Leistungen des Hotels auf die Rechnung setzen lassen zu können.

Autoverleiher verlangen eine Sicherheitszahlung – die Sie bei Abgabe (meist am letzten Tag des Urlaubs) zwar zurückerhalten, doch dann haben Sie wieder Dollars, die Sie zum Kursverlust zurücktauschen müssen. Bei Vorlage der Kreditkarte aber entfällt die Sicherheitsleistung. Beim Einkaufen und in besseren Restaurants ist es kaum noch üblich, größere Beträge in bar zu bezahlen, oft fehlt Wechselgeld. Sollten Sie krank werden oder einen Unfall haben, dann werden Sie als erstes gefragt werden, wie Sie zu bezahlen gedenken. Zwar ist jeder Arzt wegen des hippokratischen Eides verpflichtet, Sie zu behandeln. Aber am Praxis- oder Krankenhauseingang werden Sie nicht auf Ärzte, sondern auf Verwaltungspersonal stoßen. Und dieses fordert unmißverständlich: erst einmal Geld.

Allein manche Tankstelleninhaber bevorzugen Bargeld. Ihnen sind die Gebühren der Kreditkartenfirmen und der Zinsverlust zu hoch.

Kinder

Florida ist kinderfreundlich. Restaurants sind mit extra Menüs und Tischen auf Kinder eingestellt. In Hotels dürfen sie kostenlos oder gegen geringen Aufpreis im Zimmer der Eltern übernachten. Viele Sehenswürdigkeiten und Attraktionen sind speziell für Kinder gestaltet, z. B. die vielen Wasserparks und besonders Disney World. Manche Hotels vermitteln sogar Babysitter oder haben eigene Programme für Kinder.

Kleidung

Leichte Kleidung ist angemessen, Regenzeug selten vonnöten (es sei denn, Sie möchten mal im Orkan spazierengehen, was allerdings nicht zu empfehlen ist). Aber: es gibt so gut wie kein Haus in Florida ohne Klimaanlage. Die Amerikaner sind es gewöhnt, von 35° im Schatten in ein auf 18° gekühltes Restaurant zu wechseln. Die Europäer nicht. Starke und langwierige Erkältungen können die Folge sein. Daher sind Jacken, Pullover und sogar Strümpfe empfehlenswert. Wer auch bei längerem Aufenthalt mit wenig Gepäck reisen möchte, kann seine Wäsche recht günstig im Hotel waschen lassen oder selbst zum Waschautomaten gehen, der sich oft sogar in den teuersten Hotels findet.

Medizinische Hilfe

Ärztliche Hilfe gibt es überall. Aber: sie muß bezahlt werden, und zwar im voraus. Da die gesetzlichen Krankenkassen in der Bundesrepublik nicht mehr für Kosten im außereuropäischen Ausland aufkommen müssen, ist eine zusätzliche Reiseversicherung sehr zu empfehlen.

Öffentliche Verkehrsmittel

Es gibt sie, aber es ist kein Verlaß auf sie innerhalb der Städte. Private Buslinien und Fluggesellschaften für die Reise übers Land sind ziemlich pünktlich und – falls Konkurrenz herrscht – im Preis recht günstig.

Paß – Visum

Urlauber aus der Bundesrepublik und der Schweiz benötigen kein Visum, wenn sie sich nicht länger als 90 Tage in den USA aufhalten, mit einem Transportunternehmen reisen (zahlreiche Fluggesellschaften), die dem *Visa Waiver Program* angeschlossen sind, und ein Rückflugticket besitzen. Aber das Ausfüllen der Formulare beim Visa Waiver Program ist langwierig und umständlich. Da überdies die Einreise am Flughafen von Miami mit langen Wartezeiten verbunden ist und man bereits einen langen Flug hinter sich hat, ist es sehr zu empfehlen, sich ein Visum vor der Abreise zu besorgen. Für Österreicher besteht Visazwang.

Rauchen

Im vergangenen Jahrzehnt wurde dem Tabakrauchen der Krieg erklärt. Folge: Raucher werden wie Asoziale behandelt. In öffentlichen Gebäuden ist Rauchen ganz verboten, auf allen Inlandflügen ebenso. In Restaurants werden Raucher in dunkle »Smoking Sections« verbannt. In vielen Hotels sind die besseren Zimmer für Nichtraucher reserviert. Eine Reise nach Florida ist eine ausgezeichnete Gelegenheit, den langgehegten Wunsch aufzuhören, endlich in die Tat umzusetzen.

Steuern

In den Vereinigten Staaten werden Verkaufs- und Umsatzsteuern (in Florida gegenwärtig – 1990 – 6 Prozent) erst nachträglich aufgeschlagen. Das ist für den Besucher jedesmal eine kleine Überraschung. Zum Beispiel sind in den Geschäften die Waren *ohne Steuern* ausgezeichnet, in den Hotels die Zimmerpreise ebenfalls. Nachher auf der Rechnung erscheinen sie dann doch – und nicht zu knapp.

Stromspannung

Überall 110 Volt. Für umschaltbare Geräte benötigt man einen Adapter, den man sich besser von zu Hause mitbringt, weil diese Art von Zwischenstecker in den USA schwer zu finden ist.

Telefonieren und Post

Öffentliche Telefonzellen funktionieren mit Münzen, Kreditkarten und Telefonkreditkarten. In Deutschland ausgestellte Kreditkarten sind meist nicht für amerikanische Apparate kodiert. Mit der Air Plus Karte von Lufthansa können Sie R-Gespräche führen, ihr Fernmeldekonto daheim belasten und mit einem deutschsprachigen Operator reden. Wenn Sie in der Telefonzelle oder im Hotel mit einem Gespräch nicht zurechtkommen, wählen Sie eine 0 (Operator), er hilft und verbindet Sie überallhin.

Gespräche nach Deutschland: Sie wählen 01149, dann die Vorwahl der Stadt (ohne 0) und die Teilnehmernummer – der Operator sagt Ihnen, was Sie zu zahlen haben. Gespräche aus dem Hotel nach Deutschland: 8 oder 9 für eine Leitung, dann wieder 01149 (manchmal schaltet sich ein Operator ein und fragt nach der Zimmernummer), dann deutsche Vorwahl ohne 0 und Teilnehmernummer.

Florida hat vier *Vorwahlregionen* (Area Codes):
305 Miami, Südflorida und die Keys
407 Zentralflorida und zentrale Atlantikküste
813 Golfküste und Westflorida
904 Nordflorida und Panhandle

Für *Ferngespräche* innerhalb des Area Code wählt man eine 1 + Nummer. Für Ferngespräche außerhalb des Area Code wählt man eine 1 + Area Code + Nummer.

Zu erwähnen wäre noch, daß viele Hotels, Restaurants, alle Fluggesellschaften und Autoverleiher über eine 800-Nummer verfügen. Das bedeutet, daß man dort gebührenfrei anrufen kann.

Die *amerikanische Post* zählt nicht zu den besten der Welt. Postkarten kann man ihr anvertrauen, Päckchen eigentlich nicht. Wichtige und eilige Post sollte auf alle Fälle privaten Zustellern anvertraut werden. Postkarten nach Europa kosten 36 Cents, Standardbriefe 45 Cents, beide mit Luftpost. Im allgemeinen sind die Öffnungszeiten der Post:
Mo – Fr 8.30 – 17 Uhr, Sa 9.30–13.30 Uhr

Trinkgeld

Viele Amerikaner leben von Trinkgeldern, Kellner zum Beispiel bekommen meistens gar kein Grundgehalt. Gepäckträger, Portiers und Hotelpagen bekommen 50 Cents pro Tasche oder Koffer. Taxifahrer: 20 Prozent des Tarifs. Zimmermädchen: $2 pro Nacht. Kellner und Friseure: 15 bis 20 Prozent des Rechnungsbetrages. Parkplatzwächter (die Ihren Wagen vor Restaurants, Hotels und Nachtclubs wegfahren und später zurückbringen): $2–5. Manche Restaurants sind auf das europäische System übergegangen und addieren automatisch 15 Prozent. Diese müssen aber nicht bezahlt werden. Wenn Sie mit dem Service unzufrieden sind, können Sie den Betrag ganz streichen oder reduzieren.

Zeit

Der Zeitunterschied zur Bundesrepublik beträgt 6 Std. D. h.: Um 12 Uhr mittags in Florida ist es 18 Uhr in Deutschland. Zu Beginn und Ende des Sommers verkürzt sich der Unterschied für ein paar Tage auf 5 Std., weil die Sommerzeit in Deutschland nicht so lang ist.

Zoll

Gegebenenfalls erkundigen, die Bestimmungen ändern sich häufig und werden dies bei Einführung des Binnenmarktes in Europa bald noch mehr tun. Gegenwärtig sind 1 Liter Alkohol, 200 Zigaretten und Geschenke bis zum Wert von 100 Dollar zollfrei. Die Einfuhr von Pflanzen, Obst und Lebensmitteln ist beschränkt. Fleisch, Wurst (sogar als Proviant) und kubanische Zigarren sind strengstens verboten.

Register

Bei der alphabetischen Einordnung wurden *el*, *la* und *the* nicht berücksichtigt. Namen in Anführung bezeichnen Bars, Cafés, Diskotheken, Hotels und Restaurants. Wird ein Begriff mehrfach aufgeführt, verweist die **halbfett** gedruckte Zahl auf die Hauptnennung.
Abkürzungen: DB = Daytona Beach, FL = Fort Lauderdale, KW = Key West, M = Miami, MB = Miami Beach, O = Orlando, PB = Palm Beach, S = Sanibel, St.A = St. Augustine, T = Tallahassee

»A&B Lobster House«, KW 41
»Alcazaba Lounge«, M 64
»Alexander Hotel«, MB 61
Amelia Island 26
»American Vinyards«, O 72
»Andrew's 2nd Act«, T 85
»Ankara«, MB 61
Anna Maria Island 26
Apalachiola 29, **85**
Apalachiola National Forest 27, 29, 31
Aquamuseum Planet Ocean, M 9, **47**
Art Deco District, MB 9, 12, 45, 48, **56**, 88
»Artist House«, KW 42
»Auberge de France«, PB 76

Bacardi Art Gallery, M 51
»Bagatelle«, KW 41
Bal Harbour 66
»Bangkok Restaurant«, Altamonte Springs 72
Barnacle State Historic Site, M 46, **51**
Bass Museum of Art, MB 49, **52**
Bayfront Park, M 50
»Bayshore Waterfront Apartments«, FL 39
Bayside Marketplace, M 64
»Bay View Lounge«, M 64
»Beachabour«, M 61
»Beach Motel«, MB 61
»Beach View Cottages«, S 78
Bear Lake 31
»Best Western Aku Tiki Inn«, DB 34
»Best Western Key Ambassador«, KW 42
»Big Splash«, MB 57
»Biltmore Hotel«, M 61
»Biscayne Baby«, M 64
Boardwalk, DB 32
»Brassie's Lounge«, M 50
»Brasilian Court«, PB 76
»Breakers«, PB 76
Brickell Avenue, M 46
»Brown Derby Restaurant«, T 85
»Bubble Room«, Captiva 77
»Buena Vista Palace«, O 73

»Burt and Jack's«, FL 36
»By Word of Mouth«, FL 38

»Cacique«, KW 41
»Café Chauveron«, MB 57
»Café du Beaujolais«, FL 38
»Café de Geneve«, FL 38
Caladesi Island 26
Calhoun Street, T 84
Calle Ocho, M 11, 45, 48, **55**
»Cantina«, O 72
Cape Canaveral 9, **14**, 69, 71
Cape Florida State Park 26
»Cap's«, St.A 80f.
»Captain Jack's«, St.A 81
»Captain Jim's Conch Hut Restaurant«, St.A 81
»Captain Tony's Saloon«, KW 43
Captiva Island 10, 26, **76–78**
»Cardozo Hotel«, MB 62, 64
»Casa de la Paz«, St.A 82
»Casa de Solana«, St.A 82
»Casa Juancho«, M 58, 64
»Casa Vecchia«, FL 38
Casements, DB 32
Castillo de San Marcos, St.A 80
»Cervantes«, M 58
»Chalet Suzanne«, Lake Whales 73
»Chart House«, St.A 81
»Château by the Sea«, MB 62
»Chef Allen's«, MB 58
»Les Chefs de France«, O 72
»Cherry's Lounge«, M 65
Chiefland 29
»Christine Lee's Gaslight«, MB 58
»Christy's«, M 58
Chrystal River 29
»Claire«, KW 42
»Clarendon Plaza Hotel«, DB 35
»Clevelander Poolside Bar«, M **50**, 64
»Club Bennett's«, MB 65
»Club Nu«, MB 64, **65**
»Club Mystique«, M 65
Coconut Grove, M 10, 45, **46**, 55
»Coconut Grove«, S 77

»Coconut Grove Hotel«, M 62
»Coconut Grove Mutiny in Sailboat Bay«, M 62
»Colony«, S 78
»Columbia«, St.A 81
»Confetti«, DB 35
Coral Gables, M 10, **47**
Coral Gables House, M 52
»Crab Pot«, FL 38
»Crêpe en Haut«, DB 33
»Csarda«, MB 58
Cuban Museum of Art and Culture, M 52

»Daphne's«, M 58
»Darbar«, O 72
»David William Hotel«, M 62
Daytona Beach 10, **32–35**
»Daytona Hilton«, DB 34
»Deco's Nightclub«, MB 65
»Del Aire Motel«, DB 34
Delray Beach 26
»Desert Inn«, MB 62
»Desire«, M 65
Ding Darling National Wildlife Refuge, S 77
Disney-MGM Studio Park, Disney World 9, 10, 29, **67–69**, 74
Domino Park, M 50, 55
»Doral Hotel and Country Club«, MB 62
»Doral-Hotel-on-the-Ocean«, MB 62
»Down the Hatch«, DB 33
»Duff's Smörgasbord«, DB 34

»East Coast Fisheries«, M 58
»Eden Roc Americana«, MB 62
»Elbo Room«, FL 36
Elvis Presley Museum, O 72
»Embassy Suites«, FL 39
Espanola Way, MB 45
Everglades 6, 10, **27**f., 29–31

»Facade Nightclub«, MB 65
Fernandina Beach 25
»Festival«, FL
»Fiddler's Green«, St.A 82
»Fiddlestix, Spirits & Such«, DB 35

»Fifteenth Street Fisheries«, FL 38
Flagler Beach 26
»Fleming«, M 58
Florida City 29
»Floridita«, M 58
»Fontainebleau Hilton«, MB 48f., 51, **62**
Fort Jefferson 43
Fort Lauderdale **35–39**
Fort Matanzas 83
Fountain of Youth, St.A 80
»French Quarter«, FL 38

»Gallery Motel«, S 78
»Gatti«, MB 59
»Gold Key Inn«, O 73
»Governor's Inn«, T 85
»Grand Bay Hotel«, M 62
»Grand Café«, M 59
»Granny Feelgood's Restaurant«, M 59
Great Heron National Wildlife Refuge 27
»Grenelefe«, Grenelefe 73
»Grove Isle«, M 62

»Harley Hotel«, O 73
»Hawaiian Isle«, MB 62f.
Hemingway, Ernest 10, **12**, 29, 43
Hemingway Home and Museum, KW 10, **40**f.
Hialeah, Miami Springs 47
Historical Museum of Southern Florida, M 52
Homestead 29, 30
»Hotel Intercontinental«, M **63**, 64
»Hotel Intercontinental Lobby Lounge«, M 50
»Hotel Place St. Michel«, M 63
»Hy-Vong Vietnamese Cuisine«, M 59

»Island Club«, MB 50
»Island Inn«, S 78

»Jan McArt's Cabaret Theatre«, KW 43
»Jardin«, MB 51
»Jean-Paul's French Corner«, S 77
»Joe's Seafood«, M 59
»Joe's Stone Crab«, MB 59
John F. Kennedy Space Centre 71
John Pennekamp Coral Reef State Park 27
»Jolly Roger Hotel«, FL 36

»Jolly Rogers Resort Motel«, S 78
José-Marti Park, M 51

»Kay's Coach House«, DB 34
»Kenwood Inn«, St.A 82
Key Biscane 45, **47**f., 56, 64
»Key Biscane Hotel and Villas«, Key Biscane 63
Key Largo 29
»Key Lodge«, KW 42
Key West 10, 22, 29, **40–43**
»Klaus«, DB 34
»Kona Kai«, S 78

»Lagniappe Cajun House«, FL 38
»Lago-Mar-Hotel«, FL 39
Lake Okeechobee 6, **12**f., 28
»Lakeside Inn«, Mount Dora 73
»Larry Paskow's Harbor Island Spa«, M 63
»Laurenzo's Ristorante«, MB 59
»Left Bank«, FL 38f.
»Letizia's«, S 77
»Lila's«, M 59
Little Haiti, M 45, **48**
Little Havanna, M **48**, 55
Lowe Art Museum, M 53

»Mai-Kai«, FL 39
»Maison & Jardin«, Altamonte Springs 73
»Malaga«, M 59
»Marco Polo«, MN 63
»Marko's Heritage Inn«, DB 34
»Marlin Beach Hotel«, FL 36
»Marriott Casa Marina Resort«, KW 42
»Max's Place«, M 59
»Mayfair House«, M 63
»McT's Shrimphouse and Tavern«, S 77
»Meson Castellano«, M 59f.
Miami 7, 9, 10, 29, **43–66**
Miami Beach 26, 45, 48f., 52, 56, 60, 64
Miami Museum of Science and Space Transit Planetarium 46, **53**
– Seaquarium 9, 47
– Youth Museum 53
Mission of Nombre de Dios and Shrine of our Lady of La Leche, St.A 80
»Monagasque«, PB 76
»Monk's Vinyard«, St.A 82
»Monson Motor Lodge«, St.A 82
»Monterey Motel«, St.A 82

»Mrs. Lucy's Bamboo Garden«, T 85
»Mucky Duck«, Captiva 77
Museum of Arts and Sciences, DB 32f.
Museum of Florida History, T 84

Navarre Beach 26
»New Chevy's on the Beach«, M 65
»Newport«, MB 63
»New York Steak House«, MB 60
»Nutmeg House«, S 77

Ocala 71f.
Ocala National Forest 7, 71
»Ocean Roc«, MB 63
Oldest House, St.A 80
Oldest Store, St.A 80
Opa-Locka, M 49
Orlando 13, 29, 31, **67–74**
»O'Steen's«, St.A 82

Palm Beach 75f.
Panama City 85
Panama City Beach 26
Panhandle 7, **14**, 31, 85
Park Avenue, T 84
»Pauline's«, M 60
»Pavilion«, St.A 82
»Pavilion Grill«, M 60
»Penrod's«, DB 35
Pensacola 31
Perry 29
»Pier 66«, FL 39
»Pier House«, KW 42
»P.J.'s«, DB 35
»Plantation Club«, DB 35
»Pointe Santo des Sanibel«, S 78
»Poodle Lounge«, MB 51
»Prince Murat Motel«, T 85

»Quinta Motor Inn«, T 85

»Ramada Inn Surfside«, DB 34
»Ran Gestsu«, O 73
Rickenbacker Causeway Beaches **51**, 64
»Ristorante Piero«, M 60
»Russell House«, KW 42

San Augustin Antigua, St.A 80
Sanibel Island 10, 26, **76–78**
»Sans Souci«, M 63
St. Augustine 10, 31, **79–83**
»Santa Maria«, KW 42
»Savannah Moon Restaurant«, M 65
»Sea-Chateau«, FL 39

Register

»El Segundo Viajante«, M 60
»Senor Frog«, M 61
»Serv-Ur-Self Miami Airways Motor Lodge«, M 63
»701«, DB 35
»Sheraton River House«, M 63
»Sheraton Royal Biscane«, M **63**, 64
»Shirttail Charlie's«, FL 39
»Shorty's Barbecue«, M 61
»Silver Sands Oceanfront Motel«, M 64
»Singapore Resort Motel«, MB 64
»Sloppy Joe's«, KW 10, 12, 29, **43**
Sokolsky Center, M 53
»Sonesta Beach Hotel and Tennis Club«, M 64
»Soren's Café«, MB 61
South Florida Art Center, M 53

»South Beach Motel«, KW 42
»Southernmost Motel«, KW 42
»South Sea Plantation Resort and Yacht Harbor«, Captiva 78
Spring Creek 29
»Springdrift«, DB 34

Tallahassee 15, **83–85**
»Timber's Restaurant and Fish Market«, S 77
»Tobacco Road Bar & Restaurant«, M 66
»Tony Roma's«, M 61
»Top of the Boardwalk Discotheque«, DB 32, **35**
»Treasure Island«, DB 34
»Tulipano«, M 61
»Tween Waters Inn«, Captiva 78

Universal-Studios, O 72

Venetian Park, M 51
»Versailles«, M 61, 63
»Victorian House«, St.A 82
»Victor's«, M 61
Les Violins«, M 64
Vizcaya Museum and Garden, M 15, **46**

»Waikiki«, MB 64
Weeks Air Museum, M 53
»Wescott House«, St.A 82
»Whetstone Bayfront Inn«, St.A 83
Wilderness Waterway 31
»Woody's on the Beach«, MB 64, 66

»Yesterday's«, FL 39

Zorayda Castle, St.A 80

MERIAN-Redaktion, Hamburg
Lektorat: Sabine Rittner und Jochen Schürmann
Kartenredaktion: Karin Szpott
Bildredaktion: Andrea Sach

An unsere Leserinnen und Leser:
Wir freuen uns über Ihre Berichtigungs- und
Ergänzungsvorschläge. Natürlich interessiert uns auch,
was Ihnen am vorliegenden Band besonders gefällt.

MERIAN Reiseführer
Postfach 13 20 92
2000 Hamburg 13

2. Auflage 1991
Copyright © 1990 by Hoffmann und Campe Verlag, Hamburg
Umschlaggestaltung: Rambow, Rambow, van de Sand
Umschlagfoto: Bildagentur Schuster/Kummels
Karten: Kartographie Huber, München
Satz: Utesch Satztechnik GmbH, Hamburg
Lithographie: MB Scan Repro, München
Druck und Bindung: Mainpresse Richterdruck, Würzburg
Printed in Germany
ISBN 3-455-10121-6

Fotos: H. Hart 9, 87; H.-H. Skupy 19, 49, 74, 81;
Transglobe Agency 4, 12, 13, 22, 26, 37, 41, 44, 52, 57, 60
Umschlagmotiv: Miami Beach, Indian Creek

Lieferbare Titel »Super reisen!«

Ägypten
Algarve
Amsterdam
Andalusien
Australien
Bali
Barcelona
Belgien
Berlin
Bodensee
Brandenburg
Brasilien
Bretagne
Budapest
Burgund
Costa Brava
Costa del Sol
Côte d'Azur
Elsaß
Florenz
Florida
Französische Atlantikküste
Gardasee und Umgebung
Gomera · Hierro · La Palma
Gran Canaria
Hamburg
Hawaii
Holland
Hongkong
Ibiza · Formentera
Indiens Norden
Ionische Inseln
Irland
Israel
Istanbul
Italienische Adria
Italienische Riviera
Jerusalem
Kärnten
Kalifornien: Der Norden
Kalifornien: Der Süden
Karibik: Große Antillen
Karibik: Kleine Antillen
Kenia
Köln
Korsika
Kreta
Kykladen
Lanzarote · Fuerteventura
Leningrad

London
Madeira · Azoren
Madrid
Mailand
Mallorca
Malta
Marokko
Mecklenburg-Vorpommern
Mexiko
Moskau
München
Nepal
Neuseeland
New York
Nordseeinseln
Norwegen
Oberbayern
Paris
Peloponnes
Portugal
Prag
Provence
Rhodos
Rio
Rom
Sachsen:
    Dresden · Leipzig
Salzburg
Sardinien
Schleswig-Holstein
Schottland
Schwarzwald
Schweden
Singapur
Spaniens Nordküste
Straßburg
Südtirol
Sylt
Teneriffa
Thailand
Thüringen
Tirol
Toskana
Türkei
Tunesien
Ungarn
USA Ostküste
Venedig
Wien
Zypern